Albert Bichler

Mit Fotos von Wilfried Bahnmüller

Freunde im Himmel

Mit bayerischen Heiligen durchs Jahr

J. BERG

INHALT

Hl. Josef mit dem Jesuskind, Fresko, Klosterkirche Niederaltaich, Ndb.

Hl. Lucia, Schale mit ihren Augen haltend, Caorle/Venetien

Kreuzgang, Basilika Sankt Paul vor den Mauern, Rom

Hl. Christophorus, St. Florian bei Frasdorf, Obb.

VORWORT

Auf dem Jakobsweg über die Meseta, Burgos/Spanien

»Die Heiligen kommen wieder.« Das ist der Titel eines Buches des reformierten Theologen Walter Nigg (1903–1988), das bei seinem Erscheinen (1973) viel Beachtung fand. Eine Kernaussage des Buches: »Man hat die Heiligen abgebaut und ist darob arm geworden. (...) Die Zertrümmerung der Heiligenbilder hatte eine sichtliche Leere zur Folge, es entstand ein Vakuum, aus dem den Menschen das Nichts gespenstisch entgegengähnte.« Ganz überraschend plädierte der angesehene Autor für eine neue Hinwendung zu den Heiligen. Menschen brauchen Heilige für ihr Leben, auch in unserer säkularisierten Welt. Das ist die klare Botschaft des Schweizer Theologen. In diesem Blickwinkel gewinnt auch das vorliegende Buch an Aktualität. Es möchte das Interesse für Heilige wecken und einen kleinen Beitrag leisten, um sie zu verstehen und in unseren Alltag einzubeziehen.

Es gibt viele Heilige, die sich in Bayern seit Jahrhunderten besonderer Verehrung erfreuen. Die Entscheidung, welche von ihnen im Buch vorgestellt werden sollen, ist dem Autor nicht leicht gefallen. Es liegt auf der Hand, dass eine quantitative Begrenzung vorgenommen werden musste, eine Auswahl, die nicht allen Erwartungen gerecht werden kann und zudem sehr subjektiv ist. Viele Heilige, die eine Erwähnung verdient hätten, konnten wegen des begrenzten Umfangs des Buches nicht berücksichtigt werden. Bewusst ausgeklammert bleiben grundlegende Fragen, wer heilig ist und was eine Heiligsprechung rechtfertigt. Sie sind der theologischen Wissenschaft vorbehalten.

In einem kurzen Aufriss werden die Lebenswege der ausgewählten Heiligen dargestellt. Nach Möglichkeit wird dabei auf eine Trennung von historisch belegtem Quellenmaterial und nur überlieferten und legendären Informationen geachtet. Ein Schwerpunkt befasst sich damit, wie die Heiligen speziell in der Vergangenheit Künstler zu kreativen Auseinandersetzungen im Bereich der Literatur und Musik, vor allem aber in der bildenden Kunst inspiriert haben. Ihre Werke begegnen und begeistern uns in fast allen katholischen Kirchen in Bildern, Fresken und Figuren. Erkennen lassen sich die dargestellten Heiligen an charakteristischen Attributen, die ihnen aufgrund ihres Lebensweges und mancher Legenden beigegeben wurden. Das Buch gibt hier konkrete Hinweise, wie wir Heilige auch ohne Namensschild erkennen können.

Muttergottes mit dem Jesuskind, Hinterglasbild, Sandl, Mühlviertel/Oberösterreich

Was ist der besondere Schwerpunkt dieses Buches? Wodurch will es sich von vielen anderen Publikationen abheben? Es will und kann nicht mit umfangreichen theologischen Nachschlagewerken konkurrieren. Im Zentrum der Betrachtung steht der volkskundliche Blickwinkel auf beliebte bayerische Heilige. Deshalb werden in die Darstellung auch Formen der Heiligenverehrung einbezogen, die sich nicht auf den kirchlichen Raum beschränken, sondern auf weltliche Bereiche ausstrahlen. Dazu gehört das vielfältige Brauchtum, in dem die in Bayern bis heute

Leonhardifahrt in Benediktbeuren, Obb.

lebendige Volksfrömmigkeit einen liebenswerten Ausdruck findet. Das Brauchtum, ein typischer Teil der Kultur unseres Landes, durchzieht, strukturiert und bereichert den gesamten Jahreslauf. Einen wesentlichen Beitrag leistet dazu die Musik. Das gläubige Vertrauen zu den Heiligen fand und findet seinen Widerhall in den oft in Mundart gehaltenen Liedern, die zum festen Kulturgut unserer Heimat gehören. Einige in den Text eingestreute Volkslieder aus Vergangenheit und Gegenwart sollen dies veranschaulichen.

Die Heiligen werden in Bayern nicht nur im Gotteshaus verehrt, sondern strahlen auch auf das tägliche Leben aus, deshalb werden in das Buch auch Formen der Verehrung im Bereich von Familie, Pfarrei und Gemeinde aufgenommen. Dazu zählen auch die auf langer Beobachtung und alten Erfahrungen basierenden Bauern- und Wetterregeln, die oftmals aufs Engste mit Heiligen und ihren Namensfesten in Verbindung gebracht werden.

Nach einer Jahrhunderte langen Tradition sehen Menschen unter dem bayerischen Himmel Heilige als Vorbilder, Begleiter und Fürsprecher für ein gelingendes Leben. Heilige sind ihnen »Freunde im Himmel«.

Ostern 2009 *Albert Bichler*

HEILIGE IN BAYERN

Ein Himmel voller Heiliger

Wer zum ersten Mal die ehemalige Klosterkirche Rott am Inn betritt, ist fasziniert von der Pracht und dem Glanz dieses bayerischen Rokokojuwels, vom Hochaltar und den Skulpturen von Meister Ignaz Günther, besonders aber von dem großen Hauptkuppelfresko seines Namensvetters Matthäus Günther. Das Thema des kreisrunden Freskos ist die Glorie des Benediktinerordens: Eine Vielzahl aus dem Orden hervorgegangener Heiliger verehrt die Muttergottes. Ein nicht weniger imposanter Heiligenhimmel überwölbt die Klosterkirchen von Dießen am Ammersee, von Andechs und Weltenburg. Für den Freisinger Dom schuf Cosmas Damian Asam ein großes Fresko mit den Diözesanheiligen. In diesen und vielen anderen Kirchen

Barocke Wallfahrtskirche Vierzehnheiligen mit Gnadenaltar der Vierzehn Nothelfer, erbaut von Balthasar Neumann

haben große Künstler dem Betrachter eine Vision des Himmels erschlossen, die unsere Vorfahren alle Erdentrübsal vergessen ließ. Denn nach ihrer festen Überzeugung leben die Heiligen bei Gott im Himmel, dem Ort ihrer Sehnsucht.

Der hl. Gregor schreibt ein Buch, Fresko, 9. Jh., Kirche St. Benedikt, Mals, Vinschgau/Südtirol

Die Verehrung der Heiligen

Seit der Frühzeit des Christentums kommt gerade in der Volksfrömmigkeit den Heiligen eine herausragende Stellung zu. Die Geschichte der Heiligenverehrung beginnt mit der Verehrung der Märtyrer. Nach dem Ende der Christenverfolgung im Jahre 312 – der Konstantinischen Wende – wurden auch Nicht-Märtyrer (z. B. Jungfrauen, Bischöfe, Mönche), die ein herausragendes Glaubenszeugnis abgelegt haben, als Heilige verehrt. Im ersten Jahrtausend entschieden Bischöfe und die Verehrung der Gläubigen darüber, wer »zur Ehre der Altäre« erhoben werden sollte. Zwischen »Heiligen« und »Seligen« wurde nicht unterschieden. Erst seit dem 10. Jahrhundert wurde die Entscheidung über Heiligsprechungen allmählich dem Papst zuerkannt. Bischof Ulrich von Augsburg war der erste Heilige, der 993 feierlich (von Papst Johannes XV.) heiliggesprochen wurde, zwanzig Jahre nach seinem Tod. Seither kann nur der Papst bestimmen, wer in das Verzeichnis der Heiligen aufgenommen wird.

Nach einer Vielzahl päpstlicher Heiligsprechungen (Kanonisationen) im späten Mittelalter kam es in der Reformationszeit zu einem starken Rückgang. In neuerer Zeit ist wieder eine Gegenbewegung zu verzeichnen: Kein Pontifex hat in seinem Pontifikat so viele Heiligsprechungen vollzogen wie Papst Johannes Paul II., insgesamt waren es 483. Seit 1969 ist dafür in Rom eine Kongregation für Selig- und Heiligsprechungen zuständig.

Die Heiligenverehrung hatte im Laufe der Kirchengeschichte unterschiedliche Bedeutung. Angesichts mancher Übertreibungen in der Volksfrömmigkeit kam es im 16. Jahrhundert zu einer totalen Ablehnung der Heiligenverehrung durch die Reformatoren. Fortan beschränkte sich die Verehrung der Heiligen ausschließlich auf die katholische und orthodoxe Kirche. In der katholischen Kirche erlebte sie nach dem Konzil von Trient (1545–1563) zur Zeit der Gegenreformation und der katholischen Erneuerung eine neue Blüte. Die Heiligenverehrung prägt seither die katholische Frömmigkeit, vor allem im religiösen Brauchtum. Nach Jahrhun-

Fronleichnamsprozession, Mädchen in Festtracht tragen Heiligenfiguren, Wackersberg, Obb.

derten der Distanz suchen und finden in der Gegenwart aber auch evangelische Christen wieder einen neuen Zugang zu den Heiligen.

Von vielen Heiligen wissen wir genau, wann sie gelebt haben, wie sie für ihren Glauben eingetreten sind, wann und wo sie gestorben sind. Bei nicht wenigen Heiligen dagegen sind die biografischen Fakten dürftig. An die Stelle historischer Daten traten so in vielen Fällen Legenden, die sich um Leben und Wirken der Heiligen ranken und ihre Heiligkeit begründen. Auf diese Weise entstand oftmals ohne historische Belege ein recht anschauliches Bild von ihren Todesqualen und Wundertaten. Grundlage der meisten legendären Erzählungen war über Jahrhunderte das Werk »Legenda aurea« (Goldene Legende), verfasst von dem Dominikanerpater Jacobus de Voragine zwischen 1263 und 1273. Von Kindheit an waren die Christen durch Predigt und Religionsunterricht mit diesen Legenden vertraut. Zudem fanden viele davon in der Vergangenheit Eingang in Hausbücher, z. B. in die in Bayern beliebte »Goffine«, aus der in Familien am Abend oder an Festtagen vorgelesen wurde. Autor dieses Buches war der Prämonstratenserpater Leonhard Goffiné, der 1690 eine volkstümliche »Handpostille« mit Erklärungen zu den Messlesungen der Sonn- und Feiertage schrieb. Das Buch hat bis in die Mitte des 20. Jahrhunderts mehr als 120 Auflagen erlebt.

Das Leben der Heiligen und die Legenden waren es, die Künstler inspirierten und ihnen Themen für ihre Werke lieferten. Denken wir etwa an die Darstellung vom Sieg des heiligen Georg über den Drachen oder vom heiligen Nikolaus mit den drei goldenen Äpfeln, die er der Legende nach drei armen Mädchen ins Schlafgemach geworfen haben soll. Die Lebensgeschichten und Legenden regten die Künstler auch zu den Attributen an, die sie den dargestellten Heiligen beigaben und die zu ihren Erkennungszeichen wurden, z. B. ein zerbrochenes Rad bei St. Katharina oder die Mantelteilung bei St. Martin.

Heilige als Patrone

Aus den Lebensgeschichten und den Legenden machten sich aber nicht nur Künstler, sondern auch das Kirchenvolk ein Bild von den Heiligen. Dadurch wurden die Gläubigen ermutigt, ihr Leben an ihnen zu orientieren und sich in Sorgen und Nöten, in Ängsten und Schicksalsschlägen an sie zu wenden. Von ihnen versprach man sich Verständnis für die persönlichen Anliegen, die sie fürbittend dem fernen Gott vortragen sollten. Damit kam den Heiligen eine »Mittlerrolle« zu: Durch sie, die auch einmal auf dieser Erde gelebt und gelitten hatten, fanden die Christen leichter einen Weg zum unsichtbaren Gott, ein Denken, das sich bis heute kaum geändert hat. Auch in unseren Tagen vertrauen Gläubige all das, was sie bedrückt, einzelnen Heiligen an und erbitten ihre Fürsprache bei Gott. Die Heiligen geben ihnen Sicherheit, Zuversicht und Trost. Bisweilen konnte es, was theologisch problematisch ist, sogar zu einer Bevorzugung einzelner Heiliger gegenüber Gott kommen. Denken wir nur an die große Verehrung, die der heilige Leonhard bei den Bauern genießt, dem man in Altbayern den Ehrentitel »Bayerischer Herrgott« gab.

Die vertrauensvolle Hinwendung zu den Heiligen führte dazu, dass früher jeder Stand oder Beruf sich einen eigenen Patron, eine eigene Patronin suchte. So erwählten die Zimmerer den heiligen Thomas, die Wagner den heiligen Josef, die Bergleute die heilige Barbara, die Gerber den heiligen Bartholomäus, die Frauen die heilige Anna als Schutzpatrone. Auch Berufsgruppen unserer Tage haben eigene Schutzheilige. So sollen Josef über die Ingenieure, Hubert über die Höhlenforscher, Rochus über die Kunsthändler, Cosmas und Damian über die Ärzte und Physiker, Michael über die katholische Presse und Philipp Neri über die Humoristen ihre schützende Hand halten.

Ehemalige Stiftskirche St. Lorenz, Kempten, Allgäu

Die vierzehn Nothelfer

Eine besondere Gruppe unter den Schutzheiligen soll eigens erwähnt werden: die vierzehn Nothelfer, deren Verehrung in der Ostkirche ihren Ursprung hat. Erst im Mittelalter, während der Kreuzzüge, breitete sich ihr Kult auch im Abendland aus, zu einer Zeit, als die gefürchtete Pest die Menschen immer wieder in Angst und Schrecken versetzte.

Vierzehn Nothelfer, Hinterglasbild, Sandl, Mühlviertel/Oberösterreich

Erste Spuren einer Verehrung der Nothelfer lassen sich in unserer Heimat um 1300 in Regensburg nachweisen, wo man Spitäler und Kirchen unter ihr Patronat stellte. In der Münchner Peterskirche ist im 14. Jahrhundert eine Kerzenstiftung für einen Nothelferaltar belegt. In der Bamberger Dominikanerkirche und in der Nürnberger St.-Lorenz-Kirche entstanden um 1400 Nothelferfresken. Im altbayerischen Raum wurde Regensburg zu einem Zentrum der Nothelferverehrung.

Zu einem Aufblühen des Nothelferkultes kam es in den Jahren 1445/46, nachdem ein Schäfer des Gutes Frankenthal, das zum Zisterzienserkloster Langheim gehörte, vier Erscheinungen des Christkinds und der vierzehn Nothelfer hatte. Diese Visionen führten zum Bau einer ersten kleinen Kirche und im 18. Jahrhundert zum Bau der herrlichen Barockbasilika Vierzehnheiligen bei Bad Staffelstein in Oberfranken, bis heute einer der beliebtesten Wallfahrtsorte in Bayern. Die Kirche, weithin sichtbar über dem oberen Maintal, ist das Meisterwerk des großen Würzburger Baumeisters Balthasar Neumann. Sie wurde 1772 nach fast dreißigjähriger Bauzeit eingeweiht. Im Mittelpunkt steht der Gnadenaltar, ein Rundaltar, geschmückt mit vierzehn meisterlichen Heiligenfiguren, geschaffen vom Wessobrunner Künstler Johann Georg Üblher.

Christophorus, einer der 14 Nothelfer, Stadtpfarrkirche St. Moritz, Augsburg, um 1630 v. Gg. Petel

Die seit Jahrhunderten in Bayern verehrten Nothelfer heißen Achatius, Ägidius, Barbara, Blasius, Christophorus, Cyriakus, Dionysius, Erasmus, Eustachius, Georg, Pantaleon, Katharina, Margareta und Vitus. In manchen Regionen werden auch Nikolaus, Leonhard, Magnus, Sebastian und Wolfgang dazugezählt.

Heilige als Namensgeber

In der Kultur Bayerns, über Jahrhunderte vom Christentum geprägt, hat die Heiligenverehrung eine lange Tradition. Sie war der Boden für eine Volksfrömmigkeit, die im katholischen Raum bis heute lebendig ist, die das Bild unserer Städte und Dörfer und unserer Landschaft prägt mit zahllosen Kirchen und Kapellen, die man den Heiligen weihte, mit Bildstöcken in Wald und Flur.

Die Heiligen wurden auch zu Namensgebern und Namenspatronen für Kinder, die auf ihren Namen getauft wurden. Früher war man darauf bedacht, den richtigen Heiligen, die richtige Heilige für das neugeborene Kind zu wählen und ihm damit einen guten Schutzpatron zu geben. Oftmals wurden die Vornamen der Eltern an die Kinder weitergegeben. Der Namenstag war ein herausragendes Fest im Jahreslauf und wurde in katholischen Familien besonders gefeiert, mehr als der Geburtstag.

Heilige als Namensgeber: Maria mit der franziskanischen Welt: Klara und Elisabeth von Thüringen, Dillingen, Franziskanerinnenkloster, Fresko von Chr. Th. Schäffler, 1738

Namensgeber waren Heilige zudem für Regionen (Rupertigau), für Orte (St. Quirin, St. Wolfgang, St. Bartholomä), für Klöster (Benediktbeuern), für Glocken, für karitative Einrichtungen und Krankenhäuser, für Bruderschaften und Vereine und sogar für Jahrmärkte (Jakobi-, Michaeli-Dult).

Bildstock von 1700 mit den Vierzehn Nothelfern, der Krönung Mariens und den Heiligen Johannes Ev. und Laurentius, Ebern, Ufr.

Brauchtum in der Heiligenverehrung

Das kulturelle Leben in Bayern wäre sehr arm ohne das Brauchtum, das sich nach alter Tradition um die Heiligen rankt. Erinnert sei nur an das Brauchtum zu den Marienfesten, zum Dreikönigstag, zum Blasius-, Johannis-, Martins-, Barbara- und Nikolaustag. Durch die Verehrung der Heiligen zusammen mit den traditionellen Bräuchen gewinnen die Feste Feierlichkeit und Farbigkeit und werden zu Höhepunkten im kirchlichen und weltlichen Jahreskreis.

Ein fester Bestandteil des religiösen Brauchtums ist seit Jahrhunderten das Wallfahren. Die Wallfahrtsorte, die ihren Ursprung meist der Verehrung der Gottesmutter und einzelner Heiliger verdanken, gehören seit jeher ganz wesentlich zur bayerischen Kultur. An diesen Orten fühlen sich gläubige Menschen der Gottesmutter und den Heiligen besonders nahe. Und so nehmen sie oft lange Fußmärsche auf sich, um ihre Nöte und Sorgen zu den großen und kleinen Gnadenorten in Stadt und Land zu tragen.

Mit den Wallfahrten sind regional viele unterschiedliche Bräuche verbunden, die nach alter Tradition gepflegt werden. Besonderer Beliebtheit erfreuen sich heute wieder Pferdewallfahrten, die stets eine dem heiligen Georg, Leonhard oder Koloman geweihte Kirche oder Kapelle zum Ziel haben, wo Ross und Reiter den kirchlichen Segen empfangen.

Heilige in Bayern

Die Heiligenverehrung hat in Bayern eine lange Tradition, die bis in die Anfänge der Christianisierung zurückreicht. Die frühesten Kirchen, z. B. die Domkirchen in Regensburg, Freising und Passau, waren Heiligen geweiht, zu denen sich die Gläubigen besonders hingezogen fühlten. Trotzdem kann man nicht von »bayerischen Heiligen« schlechthin sprechen. Viele wurden und werden auch in anderen Regionen und Ländern, wenn auch in anderer Weise, verehrt. Und obwohl die meisten von ihnen außerhalb der bayerischen Grenzpfähle geboren wurden, erlangten sie in unserer Heimat große Beliebtheit – denken wir nur an die heilige Barbara und den heiligen Georg.

Einen besonders liebenswerten Ausdruck findet die Heiligenverehrung, die bis heute die Volksfrömmigkeit in Bayern prägt, im jahreszeitlichen Brauchtum. In den Heiligen sehen gläubige Menschen Vorbilder für ihr Leben und wollen sie nachahmen. Deshalb suchen sie die Nähe zu ihnen, die sie auch ermutigt, sie in ihren persönlichen Anliegen um Fürsprache bei Gott zu bitten. Ein großes Bedürfnis ist dies vor allem dem bäuerlichen Menschen, der mehr als andere seine Abhängigkeit von der Natur, besonders vom Wetter erfährt, von Dauerregen, Dürre und

Hagel. Angesichts der vielfältigen Gefährdungen seiner Existenz sucht er daher ganz besonders den Schutz von Heiligen.

Erfreulicherweise ist in jüngster Zeit auch in Städten ein neues Interesse am christlichen Brauchtum zu beobachten. Traditionelle Bräuche, die sich um die Heiligen gebildet haben, begeistern auch Menschen mit den Existenzsorgen unserer Zeit. Wie in früherer Zeit sucht der moderne Mensch die Nähe zu Heiligen. Wenn auch oftmals Brauchtumspflege auf den ersten Blick als recht verweltlicht erscheint, soll man sie deshalb als bloßen Aktionismus und willkommene Freizeitgestaltung missverstehen? Schwingt darin nicht doch ein gewisses Interesse am Heiligen und an den Heiligen mit? Wie unsere Vorfahren suchen auch heutige Menschen in einer Welt voller Ängste einen festen Halt. In einer Rückbesinnung auf die religiösen Wurzeln unserer Kultur finden sie auch den Weg zu einzelnen Heiligen, die sie persönlich ansprechen. Sie sollen ihnen helfen, die Herausforderungen des Alltags zu bestehen und mit Zuversicht nach vorne zu schauen. So sind die Heiligen, denen dieses Buch gewidmet ist, auch ihnen in unseren Tagen starke Begleiter auf dem Weg durch die Zeit. Nach Georg Schwaiger führen uns die Heiligen »hin zum Allerheiligsten, zur Quelle allen Heils«.

Fronleichnamsprozession, Mädchen tragen eine Heiligenfigur, Ellmau, Tirol

ERHARD

BISCHOF IN REGENSBURG

Erhard ist Nebenpatron des Bistums Regensburg sowie Patron der Schuhmacher. Er gilt als Helfer bei Augenleiden, Kopf- und Augenkrankheiten sowie bei Viehkrankheiten.

Erhard, um 630 geboren, stammte wahrscheinlich aus Narbonne in Südfrankreich und kam als Wanderbischof in die Vogesen, wo er Odilia, die Tochter des elsässischen Herzogs, taufte. Nach der Legende schenkte er ihr dadurch das Augenlicht wieder. Sie gründete das später nach ihr benannte Kloster auf dem Odilienberg im Elsass.

Erhard zählt zum Kreis jener Mönche, die Ende des 7. Jahrhunderts als Missionare das Christentum nach Bayern brachten. Wahrscheinlich war er der Nachfolger von Bischof Emmeram in Regensburg. Ungeklärt ist, ob er schon zu Emmerams Lebzeiten in Regensburg wirkte oder erst nach dessen Ermordung an den Hof des bayerischen Herzogs Theodor II. in die Stadt an der Donau kam. Durch archäologische Forschungen konnte belegt werden, dass er im Bereich der herzoglichen Residenz bestattet wurde. Sein Grab befindet sich in einem gotischen Hochgrab in der Niedermünsterkirche.

In einer Schenkungsurkunde von Kaiser Otto I. erscheint Erhard als zweiter Kirchenpatron dieser Kirche. Nach ihrem romanischen Neubau ließ Bischof Heinrich II. 1280 das Grab öffnen, um das Haupt und einen Arm des Heiligen zu entnehmen. Diese Reliquien wurden fortan in der Kirche verehrt.

Sankt Erhard mit der Hack, steckt die Feiertag in den Sack.

Darstellung Dargestellt wird der Heilige aus dem frühen Christentum in Bayern als Bischof mit einem Buch, auf dem zwei Augen liegen (wegen der Blindenheilung an der heiligen Odilia).

Brauchtum In der Volksfrömmigkeit wird Erhard vor allem mit einem Brunnen- und Quellwunder in Verbindung gebracht. Nahe der Niedermünsterkirche soll er einen Brunnen geschlagen haben. Nach einem alten Brauch wird den Gläubigen an seinem Namensfest das in einer Silberkapsel gefasste Haupt des Heiligen auf die Stirn gelegt.

Links: Niedermünsterkirche, Regensburg

Rechts: Reliquienschrein des hl. Erhard, Niedermünsterkirche, Regensburg

SEBASTIAN
GROSSER PESTPATRON

Sebastians Lebensgeschichte ist zum großen Teil legendär. Danach war er Soldat in der Leibgarde Diokletians, der von 284 bis 305 römischer Kaiser war und die Christen grausam verfolgte. Als dieser erfuhr, dass sein Offizier sich den Christen angeschlossen habe, ließ er ihn verhaften und ordnete seine Tötung an. Sebastian wurde nackt an einen Baum gebunden und von Bogenschützen mit Pfeilen durchbohrt. Als die Christen ihn bestatten wollten, entdeckten sie, dass er noch Lebenszeichen von sich gab. Einer Witwe namens Irena gelang es sogar, ihn wieder gesund zu pflegen. Nun ließ ihn Diokletian im Circus von Rom mit Keulen erschlagen und seine Leiche in die stinkende Cloaca maxima werfen. Christen bestatteten Sebastian heimlich in einer Katakombe an der Via Appia Antica, wo viele Christen ihre letzte Ruhestätte fanden. Papst Damasus errichtete schließlich 367 über seiner Grabstätte die Kirche San Sebastiano, heute eine der sieben Pilgerkirchen Roms.

Über Jahrhunderte verehrten die Christen den heiligen Sebastian als den großen Pestpatron, weil im Jahre 680 eine Pestepidemie endete, nachdem man seine Reliquien durch die Stadt getragen hatte. Im Mittelalter glaubte man, dass die Pest durch Pfeile übertragen würde, die dem Sebastian nichts anhaben konnten. Sie sind daher auf Darstellungen die wichtigsten Attribute.

Wie groß das Vertrauen in den Heiligen am Marterpfahl war, zeigt sich auch daran, dass er in manchen Regionen in den Kreis der Nothelfer aufgenommen wurde. In Bayern wurden ihm viele Kirchen und Kapellen geweiht, Bilder und Figuren finden sich an vielen Altären. An seinem Namensfest fanden früher an manchen Orten Prozessionen statt. Ein Zentrum der Sebastiniverehrung ist seit über 1000 Jahren die Kreisstadt Ebersberg in Oberbayern. Nach der Überlieferung brachte im Jahr 931 der Augustinerpropst Hunfried von einer Romreise die Hirnschale des Heiligen als Reliquie in sein Kloster mit. Das führte zu einer der größten Wallfahrten in Altbayern.

Hochaltar mit Zentralfigur hl. Sebastian, Pfarrkirche Ebersberg, Obb.

Darstellung Sebastian, an einen Baum oder Stamm gebunden und von Pfeilen durchbohrt – so haben große Künstler den Heiligen immer wieder dargestellt.

Brauchtum Im Bauernjahr findet das Namensfest des heiligen Sebastian stets besondere Beachtung, weil um diese Zeit der Winter bald seinen Höhepunkt erreicht.

Sebastian ist Patron der Soldaten, der Sterbenden und der Veteranen- und Schützenvereine und wird seit Jahrhunderten auch als Helfer bei Viehkrankheiten angerufen.

Hl. Sebastian, Altenmarkt, Pongau/Salzburger Land

An Fabian und Sebastian fangen die Bäume zu saften an.

21. Januar

AGNES
SCHUTZFRAU DER GÄRTNER

Agnes ist Schutzpatronin der Gärtner, Verlobten und Brautpaare.

Agnes ist eine Heilige aus der Frühzeit der Kirche: Ihre Lebensgeschichte ist weitgehend legendär. Agnes stammte aus einer angesehenen, reichen römischen Familie und soll sehr schön gewesen sein, weshalb sie von vielen jungen Römern begehrt wurde. Aber selbst wertvolle Geschenke konnten sie nicht zu einer Heirat bewegen. Ihr Verlobter sei Jesus Christus, gab sie ihren Freiern zur Antwort.

Als sich Sempronius, der Sohn des Stadtpräfekten von Rom, für sie interessierte, gab sie auch ihm einen Korb. Zudem weigerte sie sich, den römischen Göttern die vorgeschriebenen Opfer darzubringen. Aufgrund ihrer Weigerung musste sie sich vor Gericht verantworten und wurde zu einer sehr erniedrigenden Strafe verurteilte: Man riss ihr die Kleider vom Leib und steckte sie in ein Freudenhaus, wo der Sohn des Stadtpräfekten sie besuchte. Als er sie berühren wollte, stürzte er leblos zu Boden. Auf Bitten des Stadtpräfekten erweckte Agnes seinen Sohn wieder zum Leben. Der Wiedererweckte beschuldigte Agnes nun öffentlich der Zauberei, weshalb sie zum Tode verurteilt wurde. Man warf sie in ein loderndes Feuer, doch die Flammen konnten ihr nichts anhaben. Da wurde sie dem Henker übergeben, der sie enthauptete. Das war um das Jahr 258.

Hl. Agnes mit Lamm, Hinterglasbild von N. Pölz, Sandl, Mühlviertel/ Oberösterreich

Zu Ehren von Agnes errichtete man über ihrem Grab in Rom eine Kirche. Hier entstand im 7. Jahrhundert die Kirche S. Agnese fuori le mura, die Vorgängerkirche der prächtigen Barockkirche an der Piazza Navona.

Weil man den Namen der heiligen Agnes mit »Lamm« (lat. agnus) übersetzte, werden in Rom nach einem alten Brauch an ihrem Namensfest noch heute in der Kirche S. Agnese fuori le mura zwei Lämmer gesegnet. Mit einem Lamm und einem Palmzweig in der Hand wird die jugendliche Heilige auch abgebildet.

Darstellung Bilder zeigen Agnes als Braut mit Palmenzweig, Schwert und Buch, ein Lamm tragend.

Wenn Agnes wird kommen,
wird neuer Saft im Baum vernommen.

BLASIUS
BISCHOF UND NOTHELFER

Hl. Blasius, Gnadenaltar der Wallfahrtskirche Vierzehnheiligen, Ofr.

Einen Tag nach Mariä Lichtmess feiert die Kirche das Namensfest des heiligen Blasius. Er ist eigentlich nur wegen des Segens bekannt, der an diesem Tag erteilt wird. Blasius soll im 3. Jahrhundert in der Stadt Sebaste (heute das türkische Sivas) in Armenien als Bischof gelebt haben. Nach der Legende versteckte er sich wegen der Christenverfolgung in einer Höhle, wo ihm Vögel Speisen brachten. Als er von den Soldaten des Kaisers Diokletian (284–305) entdeckt wurde, warfen sie ihn in den Kerker. Dort soll er einen Jungen, der eine Fischgräte verschluckt hatte, durch sein Gebet gerettet haben. Nach grausamen Folterungen wurde Blasius um das Jahr 316 enthauptet.

Die Verehrung des Heiligen breitete sich von Armenien in die ganze Ostkirche und im frühen Mittelalter auch bis nach Europa aus. Blasius zählt zu den vierzehn Nothelfern. An einigen Orten, z. B. in St. Blasien im Schwarzwald, werden Reliquien verehrt.

Darstellung Blasius wird als Bischof mit zwei gekreuzten Kerzen dargestellt.

Brauchtum Schon früh sah man in dem Heiligen einen Helfer bei Hals- und Kehlkopfleiden und knüpfte damit an die legendäre Errettung des Knaben im Kerker an. Im Mittelalter entwickelte sich der Blasiussegen, bei dem der Priester zwei geweihte Kerzen gekreuzt an den Hals der Gläubigen hält und spricht: »Auf die Fürsprache des heiligen Blasius bewahre dich der Herr vor Halskrankheiten und allem Bösen.« Das »Einblaseln« ist bis heute ein beliebter Brauch.

Blasius ist der Schutzpatron der Ärzte, Hutmacher, Weber, Gerber, Schuhmacher und Schneider, aber auch der Blasmusikanten wegen der Lautähnlichkeit seines Namens mit »blasen«.

St. Blasius stößt dem Winter die Hörner ab.

5. Februar

AGATHA
MÄRTYRERIN AUS SIZILIEN

Agatha wird angerufen beim Ausbruch des Ätna, bei Unwettern und Naturkatastrophen sowie bei allen Brustkrankheiten. Sie gilt als Patronin der Ammen und stillenden Mütter, der Erzgießer, Hochofen- und Bergarbeiter. Oft erscheint ihr Bildnis auch auf Glocken.

Hl. Agatha, Hochaltar, Pfarrkirche Agatharied, Obb.

An Agathe Sonnenschein bringt viel Korn und Wein.

Agathas Eltern gehörten zur Kolonie der griechischen Einwanderer, die sich vor 2700 Jahren auf Sizilien niederließen. Das hübsche Mädchen lebte zur Zeit der Christenverfolgung durch Kaiser Decius (249–251). Um sie zu entwürdigen, steckte der römische Statthalter sie in ein Bordell und ließ ihr die Brüste abschneiden. Doch auch diese Entehrung konnte sie nicht entmutigen, da ihr in der Nacht der heilige Petrus erschien und sie heilte. Als der römische Statthalter sie erneut foltern ließ, wurde ihre sizilianische Heimatstadt Catania von einem Erdbeben erschüttert. Vermutlich im Jahr 251 starb die tapfere Christin, die ihre Liebe und ihr Leben ganz Christus geweiht und alle Verehrer abgewiesen hatte, schließlich nach langer Leidenszeit. Als ein Jahr nach ihrem Tod Catania erneut von einem Erdbeben heimgesucht wurde, hielten die Bewohner der Stadt den Lavamassen Agathas Schleier entgegen, der ihr Grab bedeckte. Daraufhin kam der Feuerstrom zum Stillstand.

Die Verehrung der Heiligen verbreitete sich schon bald in Europa, was auch die frühe Aufnahme in den Messkanon der Kirche bezeugt. Papst Symmachus errichtete ihr im 6. Jahrhundert an der Via Aurelia in Rom eine Basilika. Ihre Reliquien werden im Dom Sant' Agata in Catania verehrt.

Agatha ist die hochverehrte Heilige von Sizilien und Stadtpatronin ihrer Heimatstadt Catania. Zu ihrer Ehre wird dort alljährlich ein prunkvolles Fest mit Lichterprozessionen und Feuerwerken abgehalten. Hier entstanden auch einige Volksbräuche, die an heidnische Kulte erinnern.

Darstellung Entsprechend der legendenhaften Überlieferung wird die Heilige im Kerker mit zangenähnlichem Marterwerkzeug und Scheiterhaufen dargestellt.

Brauchtum In Süddeutschland weihte man am Agathentag früher Kerzen, die bei Unwettern angezündet wurden. Agatha-Brot sollte Fieber und alle Krankheiten bei Mensch und Tier abwehren. Bei Feuersbrunst warf man es in die Flammen, um sie zu löschen. An vielen Orten wurden Reliquien der Heiligen zur Abwehr von Feuersgefahr verehrt.

Ätna, Sizilien

ALTO
EINSIEDLER IN ALTOMÜNSTER

Hl. Alto, Figur am Kirchturm der Pfarrkirche St. Alto, Altomünster, Obb.

Alto zählt zum Kreis jener Männer, die das Fundament des Christentums in Bayern gelegt haben. Er stammte aus einer angesehenen bajuwarischen Familie, nach einer anderen Quelle aus Schottland, und ließ sich in der Mitte des 8. Jahrhunderts als Einsiedler westlich von Dachau in Oberbayern nieder. Im Kloster Altomünster (Kreis Dachau), das nach seinem Tod (um 760) entstand, wird als Reliquie die Hirnschale des Heiligen aufbewahrt, die Gläubigen an seinem Festtag aufgelegt wird. Bis heute ist das Kloster Altomünster das Zentrum der Verehrung des nur regional bekannten Heiligen.

Nach dem Bericht eines Benediktiners aus dem Regensburger Kloster St. Emmeram erhielt Alto in einer Vision einen Missionsauftrag. Er machte sich sogleich ans Werk und ließ sich in einem Wald nieder, den er zu roden begann. Unterstützt wurde er bei seiner Arbeit vom karolingischen König Pippin d. J., dem Vater Karls des Großen (747–814). Dem königlichen Beispiel folgten auch reiche Adelige und schenkten dem Eremiten fruchtbares Ackerland. Damit waren die Grundlagen für die Gründung eines Klosters geschaffen, in dem viele Gleichgesinnte in Gebet und Arbeit zusammenlebten. Als Alto mit Bonifatius, der die Missionsarbeit in Deutschland leitete, in Streit geriet, weil dieser ein reines Männerkloster wünschte, konnte er sich durchsetzen und sein Haus weiter auch für Frauen offen halten. In den Wirren der Ungarnstürme ging Altos Kloster unter. Im 11. Jahrhundert entstand ein Benediktinerkloster, das 1487 der Birgittenorden übernahm.

In der Lebensgeschichte des Klostergründers wird auch von Wundern berichtet, die man Alto zuschreibt. So soll er auf dem Hügel, auf dem sich heute die prächtige Barockkirche von Johann Michael Fischer befindet, mit seinem Stab in den Boden gestoßen haben, aus dem sogleich klares Quellwasser hervorsprudelte, das bis heute aus dem Brunnen in der Klosterkirche strömt. Ein Wunder sah man auch darin, dass Bäume, die Alto für die Rodung markierte, von allein zu Boden fielen. Das Messer, das Alto benutzte, wird als Reliquie im Kloster aufbewahrt.

Darstellung Abbildungen zeigen den Heiligen als Bischof, meist mit einem Messer, mit dem er Waldbäume kennzeichnet.

Alto wird als Patron im Raum Altomünster verehrt.

VALENTIN
FREUND DER LIEBENDEN

Im Mittelalter galt Valentin als Schutzpatron gegen die »Fallsucht«, die Epilepsie, die auch als »Valentinskrankheit« bezeichnet wird. Zur Heilung wurde den Kranken die Hirnschale des Heiligen auf die Stirn gelegt und Valentinswasser gegeben.

Der Valentinstag erfreut sich heute großer Beliebtheit. Der Heilige, dessen Namensfest damit gefeiert wird, ist aber weithin unbekannt. Er ist nicht identisch mit Bischof Valentin, der im 5. Jahrhundert in Rätien lebte. Valentin war Bischof von Terni in Umbrien und erlitt um das Jahr 268 unter Kaiser Claudius den Märtyrertod. Die Christen bestatteten ihn an der Via Flaminia am zweiten Meilenstein in Rom. Papst Julius I. ließ über Valentins Grab eine Basilika errichten. Um das Leben des Heiligen ranken sich viele Legenden, die wohl die fehlenden historischen Belege ersetzen sollten. Da seine Existenz nicht gesichert ist, findet sich sein Name seit 1972 auch nicht mehr im offiziellen kirchlichen Kalender.

Nach der Legende fühlten sich Liebende besonders zu Valentin hingezogen, weil er viele von ihnen traute, darunter Soldaten, die nach kaiserlichem Befehl unverheiratet bleiben mussten. Und auch das machte Valentin Freude: Er schenkte den frisch verheirateten Paaren Blumen aus seinem Garten. Die von ihm geschlossenen Ehen sollen alle unter einem guten Stern gestanden haben.

Hl. Valentin von Terni, Pfarrkirche Mariä Himmelfahrt, Zella, Rhön, Thüringen

Darstellung Valentin wird meist mit einem Hahn und einem verkrüppelten Kind zu seinen Füßen dargestellt.

Brauchtum Im alten Rom war es üblich, dass am 14. Februar junge Männer durch Lose ledigen Frauen zugeteilt wurden, mit denen sie ein Jahr lang ein Paar bildeten. Dieser Brauch hatte seinen Ursprung wohl in dem alten Volksglauben, dass die Vögel sich am Valentinstag zu paaren beginnen, und trug sicher dazu bei, dass der Valentinstag auch in Frankreich, Belgien und England als Tag der Liebenden gefeiert wurde. An diesem Tag wurden junge Paare durch das Los als Valentin und Valentine »verbandelt«, für einen Tag oder für ein ganzes Jahr. Seit dem 14. Jahrhundert verbreitete sich der Valentinkult in ganz Europa und gelangte dann nach Amerika, wo das Namensfest als Fest der Liebenden gefeiert wurde.

Der Brauch, Freunde – und vor allem Frauen – an diesem Tag mit Blumen zu beschenken, kam nach dem Zweiten Weltkrieg aus Amerika zu uns. Die Floristen haben diese Idee gern aufgegriffen und den Valentinstag zu einem Tag der Blumen gemacht. In Holzhausen bei Landshut wird die Zuneigung auf andere Weise ausgedrückt: Dort gibt es für alle, die sich lieben, gebackene Valentinsbrote.

MATTHIAS
PATRON DER METZGER

Matthias ist der Patron des Bistums Trier, der Bauhandwerker, Zimmerleute, Schneider und Metzger.

Im Volksglauben findet der Matthias-Tag noch heute Beachtung. Man glaubt, dass sich mit dem Namensfest des Heiligen der nahe Frühling ankündigt, was sich auch in Wetter- und Bauernregeln ausdrückt.

Matthias ist uns zwar als einer der zwölf Apostel Jesu bekannt, trotzdem wissen wir sehr wenig über sein Leben und Wirken. Nur einmal ist in der Apostelgeschichte von ihm die Rede: bei seiner Wahl in den Apostelkreis als Ersatz für Judas Iskariot, der Jesus verraten hatte. Da es einen Gegenkandidaten gab, musste das Los für ihn entscheiden: »Das Los fiel auf Matthias und er wurde den elf Aposteln zugerechnet.« Matthias stammte aus Bethlehem und soll in Palästina und Äthiopien missioniert haben. In Judäa wurde er gesteinigt und dann mit einem Beil enthauptet.

Wie das Leben des unauffälligen Apostels sind auch seine Reliquien von Legenden umrankt. Nach der Überlieferung sollen sie im Auftrag von Helena, der Mutter von Kaiser Konstantin dem Großen, im 4. Jahrhundert nach Trier gebracht worden sein, wo sie 700 Jahre später wieder aufgefunden wurden. Heute werden sie hier in der Basilika der Benediktinerabtei St. Matthias verehrt. Trier kann sich rühmen, das einzige Apostelgrab auf deutschem Boden zu besitzen, das im Mittelalter Ziel von Wallfahrern aus ganz Europa war. Gefördert wird die Wallfahrt bis heute durch Matthiasbruderschaften.

Darstellung Bilder zeigen St. Matthias mit einem Buch, einem Beil und einer Hellebarde, einer mittelalterlichen Stoß- und Stichwaffe.

Mattheis bricht's Eis.
Hot er koans,
dann macht er oans.

Mattheis
wirft einen heißen Stein ins Eis.

Hl. Matthias mit Hellebarde, Freskenzyklus um 1380, Urschalling bei Prien, Obb.

WALBURGA
NICHTE VON BONIFATIUS

Epitaph der hl. Walburga, 1448, ehem. Klosterkirche Heidenheim am Hahnenkamm, Mfr.

Mit der Walpurgisnacht, die nach altem Volksglauben von Dämonen und Geistern erfüllt ist, hat St. Walburga nichts zu tun. Bis zur jüngsten Reform des Namenstagkalenders wurde ihr Fest am 30. April gefeiert und diente ungewollt als Namensgeberin für die auch als »Freinacht« bekannte Nacht, in der Hexen und andere Zaubermächte ihr Unwesen treiben.

Mit derartigen Vorstellungen lässt sich die heilige Walburga nicht in Verbindung bringen. Sie wurde um 710 in Südengland als Tochter des Edelmanns Richard von Wessex geboren. Ihre Brüder waren Wunibald und Willibald, die bekannten Glaubensboten, und ihr Onkel vermutlich Bonifatius, der Apostel der Deutschen. Er war es auch, der sie nach einer klösterlichen Ausbildung zur Unterstützung seiner Missionsarbeit nach Germanien rief. Walburga trat zunächst in das Kloster Tauberbischofsheim ein, wo Lioba, eine ihrer früheren Lehrerinnen, als Äbtissin wirkte. 752 wechselte sie in das von ihrem Bruder Wunibald gegründete Kloster Heidenheim auf dem Hahnenkamm (Mittelfranken). Nach seinem Tod wurde ihr die Leitung des Doppelklosters übertragen, das sie zu einem kulturellen und religiösen Zentrum ausbaute.

Walburga starb 779 hochverehrt in Heidenheim. 870 wurden ihre Gebeine in die neue Klosterkirche St. Walburg in Eichstätt, der Bischofsstadt ihres Bruders Willibald, überführt. Ihr Grab wurde von zahlreichen Gläubigen aufgesucht. In der ehemaligen, heute evangelischen, Abteikirche in Heidenheim erinnern pompöse gotische Hochgräber an das Wirken von Walburga und Willibald.

Von Legenden umwoben ist das heilkräftige Walburgisöl, das aus Walburgas Reliquienschrein tropft und dem besondere Heilkraft zugeschrieben wird. Dabei handelt es sich um einen flüssigen Niederschlag, der sich an den Wänden ihres Reliquienschreins zu bestimmten Jahreszeiten bildet.

Walburga ist Patronin der Stadt und des Bistums Eichstätt, der Bauern und Haustiere und wird angerufen als Helferin für das Gedeihen der Feldfrüchte.

Darstellung Bilder zeigen die Heilige entweder in fürstlicher Kleidung oder als Nonne mit abgelegter Krone, Äbtissinnenstab, Ölfläschchen und Ähren.

Votivbild am Grab der hl. Walburga, St. Walburg, Eichstätt, Obb.

KUNIGUNDE

KINDERLOSE KAISERIN IN BAMBERG

Die Heilige ist die Patronin des Erzbistums Bamberg, der schwangeren Frauen und Kinder.

Kunigunde ist zusammen mit ihrem Gemahl König Heinrich II. Gründerin des Bistums Bamberg. Beide haben im Bamberger Dom ihre letzte Ruhestätte gefunden. Der große Bildhauer Tilman Riemenschneider schuf um 1500 ein prachtvolles Hochgrab für das Herrscherpaar.

Kunigunde, die Tochter eines Luxemburger Grafen, wurde um das Jahr 1000 mit Herzog Heinrich von Bayern vermählt und schon zwei Jahre später bei seiner Königserhebung in Paderborn vom Erzbischof von Mainz zur Königin gesalbt. Während seiner zahlreichen Reisen vertrat sie ihren Gatten als Regentin und lenkte umsichtig die Geschicke des Landes, unterstützte Arme und Kranke und sorgte sich um die Reform der Kirche. Sie war maßgeblich an der Gründung des Bistums Bamberg durch ihren Gemahl beteiligt, das ein Ausgangspunkt für die Slawenmissionierung werden sollte. Angesichts ihrer Kinderlosigkeit stattete Kunigunde, die 1014 zur Kaiserin gekrönt wurde, das neue Bistum großzügig mit ihren Mitgiftgütern aus. Nach Heinrichs Tod zog sich Kunigunde im Jahre 1025 in das von ihr geförderte Benediktinerinnenkloster Kaufungen bei Kassel zurück, wo sie bis zu ihrem Tod 1033 als Nonne lebte. Ihrem Wunsch entsprechend, wurde sie an der Seite ihres Gemahls – ihres »Bruders und Herrn« – im Bamberger Dom bestattet. Im Jahre 1200 wurde die fromme Herrscherin heilig gesprochen.

Um Kunigundes Leben rankten sich schon bald manche Legenden. So soll sie sich, als sie des Ehebruchs bezichtigt wurde und die Verleumdungen nicht länger ertragen konnte, aus freien Stücken einem Gottesurteil unterworfen haben: Vor versammeltem Volk ging sie barfuß über glühende Pflugscharen und blieb unverletzt, womit ihre Unschuld erwiesen war. Der Überlieferung nach lebten Kunigunde und Heinrich jungfräulich zusammen.

Feuerprobe der hl. Kunigunde, Grab des Kaiserpaares Heinrich II. und Kunigunde, von Tilman Riemenschneider 1499, Dom, Bamberg, Ofr.

Darstellung Kunigunde wird meist in vornehmer Kleidung mit Krone und Zepter, in der Hand ein Kirchenmodell haltend, dargestellt.

Brauchtum Dem »Kunigundswasser« sagte man heilende Wirkung nach, aus dem »Kunigundskraut«, dem Thymian, flocht man Kränzlein, denen Heilkräfte bescheinigt wurden.

Kunigund macht warm von unt'.
Wenn's donnert um Kunigund, treibt's der Winter bunt.

19. März

JOSEF
NÄHRVATER JESU

Der Heilige wird vom Volk hoch verehrt, zahllose Kirchen, Kapellen und Altäre sind ihm geweiht, in vielen Familien hängen Bilder von ihm. Pius XI. erklärte ihn 1870 zum Schutzpatron der gesamten katholischen Kirche. Daneben ist er der Patron der Eheleute und der Familie sowie vieler Berufsgruppen, z. B. der Handwerker, Wagner, Schreiner und Zimmerleute, und wird in vielen Nöten und Anliegen angerufen, besonders als Helfer für eine gute Sterbestunde.

Das Bild, das wir uns von Josef machen, ist stark geprägt von den sogenannten neutestamentlichen Kindheitsgeschichten. Josef steht aber immer im Schatten von Jesus und seiner Mutter Maria. Über sein Leben liegen nur spärliche Informationen vor, lediglich die Evangelisten Lukas und Matthäus berichten über ihn. So wissen wir, dass er aus dem Geschlecht Davids stammte und als Zimmermann in Nazareth arbeitete. Er war mit Maria verlobt, die noch vor ihrem Zusammenleben ein Kind empfing, was ihn in eine tiefe Krise stürzte. Ein Bote Gottes klärte ihn aber im Traum über das göttliche Einwirken auf.

Als der römische Kaiser Augustus eine Volkszählung anordnete, begab sich Josef mit Maria nach Bethlehem, wo sie in einem Stall das göttliche Kind gebar. Auf den

Hl. Josef, Lüftlmalerei, Mittenwald, Obb.

Rat eines Engels floh Josef mit Maria und dem Kind nach Ägypten, weil König Herodes von Judäa durch Sterndeuter von der Geburt eines neuen Königs der Juden erfahren hatte und alle neugeborenen Kinder töten ließ. Erst nach Herodes' Tod kehrten sie nach Nazareth zurück. Ein letztes Mal wird Josef erwähnt, als der zwölfjährige Jesus an der Osterwallfahrt teilnimmt. Wann, wie und wo Josef starb, ist nicht bekannt. Sein angebliches Grab wird in einer Grotte unter der Verkündigungsbasilika in Nazareth gezeigt.

Obwohl Josef in der Bibel nur selten erwähnt wird, erfreute er sich bei den Christen zu allen Zeiten großer Beliebtheit. Viele Legenden zeichnen von ihm das Bild des treusorgenden Nährvaters von Jesus.

Hl. Josef, von Franz Xaver Schmädl, 1762, Pfarrkirche Oberammergau, Obb.

Darstellung Künstler haben Josef meist als alten Mann dargestellt (weil er nach der Legende bei der Verlobung mit Maria bereits betagt gewesen sein soll); er wird auch mit Jesuskind, Zimmermannswerkzeug, Lilie und Wanderstab gezeigt.

Brauchtum Obwohl der Josefitag 1968 in Bayern als gesetzlicher Feiertag abgeschafft wurde, findet er in traditionell orientierten Familien und Vereinen noch Beachtung. Das Namensfest aller, die Sepp, Sepperl und Josefine heißen, wird gebührend gefeiert – für viele eine angenehme Unterbrechung der Fastenzeit.
Die »Königlich-Bayerische Josefspartei« bemüht sich seit Jahren um die Wiedereinführung des Josefitages als geschütztem Feiertag.

Ein schöner Josefstag ein gutes Jahr verheißen mag.

Josef klar, gibt's ein gutes Honigjahr.

Hl. Josef mit dem Jesuskind, Pfarrkirche München-Lochhausen

26. März

KASTULUS
PATRON DER BAUERN UND HIRTEN

St. Kastulus ist der Patron der Bauern und Hirten, was erklärt, dass ihm vor allem im ländlichen Raum Kirchen erbaut wurden. Seit 1447 erhebt sich auf dem Kastlberg bei Reichertshofen im Landkreis Pfaffenhofen die spätgotische Wallfahrtskirche St. Kastulus. Etwas in Vergessenheit geraten sind die Kastulus-Kirchen in Prittlbach und Puchschlagen im Landkreis Dachau.

Links: Hl. Kastulus, Figur an Haus, Moosburg, Obb.

Rechts: Pfarrkirche St. Kastulus, Moosburg, Obb.

Im Kastulus-Münster in Moosburg werden Reliquien eines Heiligen aus der Frühzeit des Christentums verehrt. Kastulus gehörte einer römischen Sklavenfamilie an, die freigelassen wurde und sogar gesellschaftlich aufsteigen konnte. Der junge Mann soll es bis zum kaiserlichen Hoflieferanten, vielleicht sogar bis zum Speisenmeister gebracht haben. Damit hatte er am Hof des Kaisers eine herausragende Stellung inne.

Trotz seiner Position ließ Kastulus sich in einer Zeit, als Christen noch verfolgt wurden, taufen. Die Christen weigerten sich, den Göttern der Römer Opfer darzubringen, was als Angriff auf die Staatsordnung angesehen wurde. Trotz des ausdrücklichen Verbots des römischen Kaisers Diokletian (284–305) rief Kastulus in nächster Nähe des kaiserlichen Palastes Christen zu Gottesdiensten zusammen. Außerdem warb er in aller Öffentlichkeit für den christlichen Glauben und konnte viele Anhänger gewinnen. Das änderte sich, als sein Wirken den kaiserlichen Behörden bekannt wurde. Kastulus wurde gefangen genommen und vor den Präfekten geführt. Da er nicht bereit war, dem christlichen Glauben abzuschwören, wurde er grausam gefoltert und in einer Sandgrube lebendig begraben. Das soll im Jahr 286 gewesen sein.

Die Verehrung von St. Kastulus begann in Rom zur Zeit der Spätantike. Man verehrte ihn vor allem in der nach ihm benannten Kastulus-Katakombe an der Via Labicana. Aus dem 8. Jahrhundert liegen aus Pavia Berichte über Kastulus-Reliquien vor, die um 807, in der Karolinger Zeit, in die junge Abtei Moosburg in Bayern gelangt sein sollen. Da der bayerische Herzog Wilhelm V. das Kollegiatsstift St. Kastulus von Moosburg nach Landshut verlegte, wurde der größte Teil der Reliquien 1604 in die dortige St. Martinskirche übertragen.

Darstellung Auf Bildern erkennt man Kastulus an einem Spaten, mit dem er bei lebendigem Leib begraben worden sein soll. An den Chorwänden des spätgotischen Kastulus-Münsters in Moosburg hat Hans Leinberger (1480–1531) Szenen aus der Kastuluslegende festgehalten. Im Tympanon des romanischen Westportals der Kirche ist St. Kastulus inmitten von Christus, Maria, Kaiser Heinrich II. und Bischof Albert von Freising abgebildet.

CRESCENTIA

MYSTIKERIN AUS SCHWABEN

Die fromme Nonne wird als Patronin des Crescentiaklosters in Kaufbeuren und der Stadt verehrt.

Hl. Crescentia, Andachtsbild vor 1800

Crescentia wurde 1682 als Anna Höß im schwäbischen Kaufbeuren geboren. Mit 21 Jahren trat sie gegen größte Widerstände der Klosterleitung – sie hatte keine ausreichende Mitgift – in den Konvent der Franziskaner-Terziarinnen ein und bekam den Ordensnamen Crescentia. Im Kloster musste sie jahrelang Erniedrigungen und Schikanen durch die Oberin ertragen. Es wurden ihr schwere körperliche Arbeiten aufgebürdet, zudem wurde sie der Hexerei verdächtigt. Nach 25 Jahren voller Demütigungen gewann sie die Wertschätzung der neuen Oberin und wurde Novizenmeisterin und dann Äbtissin. Am 5. April 1744 starb Crescentia in ihrem Geburtsort Kaufbeuren, nachdem sie unter großen Schmerzen die Passion Christi erlebt hatte. Ihr Grab befindet sich in der Klosterkirche St. Franziskus, umgeben von zahllosen Votivbildern. Im Jahre 2001 wurde sie heiliggesprochen.

Crescentia zeichnete sich durch große Frömmigkeit aus und machte in Visionen und mystischen Begegnungen intensive Gotteserfahrungen. Der Ruf der außergewöhnlichen Nonne verbreitete sich schon zu ihren Lebzeiten, sodass viele Menschen sie um Rat und Fürbitte baten, unter ihnen auch bedeutende Persönlichkeiten wie die österreichische Kaiserin Maria Theresia. Enge Kontakte hatte Crescentia zum nahen Kloster Irsee, zum Kreuzkloster in Mindelheim und zur Reichsabtei Ottobeuren.

Hl. Crescentia, Wallfahrtskirche Klosterlechfeld, Schw.

Seit Kurzem gibt es einen Crescentia-Pilgerweg, der von Kaufbeuren durch das Ost- und Unterallgäu nach Ottobeuren und Mindelheim führt. Wallfahrer kommen dabei immer wieder an Crescentia-Kapellen und -Marterln sowie an Plastiken des »Schulterwundenheilands im Kerker« vorbei, der auf eine Vision der heiligen Crescentia zurückgeht.

Viele Bürger von Kaufbeuren sind überzeugt, dass es Crescentia zu verdanken ist, dass ihre Stadt im Zweiten Weltkrieg von Zerstörungen weitgehend verschont blieb, obwohl nahe gelegene Rüstungsbetriebe das Ziel zahlreicher Bombenangriffe waren.

Darstellung Crescentia wird in Nonnenkleidung meist mit einem Kruzifix dargestellt, in das sie sich wie in ein aufgeschlagenes Buch vertieft.

ZENO

BISCHOF MIT DER ANGELRUTE

Hl. Zeno, Deckenfresko, Pfarrkirche Hafnerbach, Niederösterreich

Eine besondere Sehenswürdigkeit in Verona ist die Basilica di San Zenone, die bedeutendste romanische Kirche Oberitaliens. In ihrer Krypta ist das Grab des heiligen Zeno, der nach der Überlieferung in der ersten Hälfte des 4. Jahrhunderts in Mauretanien in Nordafrika geboren wurde, einer Region, die damals zum römischen Reich gehörte. Zeno wurde im Jahre 362 zum Bischof von Verona gewählt, in einer Zeit, die geprägt war von den Auseinandersetzungen mit Kaiser Julian, der die Christen verfolgte. Zudem war die Einheit des jungen Christentums durch Konflikte mit den Arianern gefährdet, die die Wesensgleichheit von Christus mit Gottvater leugneten. Zeno starb am 12. April des Jahres 372.

Bischof Zeno verteidigte unermüdlich den christlichen Glauben. Angesichts massenhafter Übertritte zum Christentum galt sein besonderes Augenmerk der drohenden Verflachung des religiösen Lebens. In Überlieferungen wird von Zenos selbstloser Nächstenliebe und seiner Bescheidenheit berichtet. Seinen Lebensunterhalt bestritt er durch Fischfang in der Etsch. Der heilige Korbinian verehrte den Bischof aus frühchristlicher Zeit und weihte ihm und dem heiligen Valentin eine Kirche in Mais bei Meran. Im Jahre 840 kam die Reliquie von Zenos Haupt nach Radolfszell am Bodensee.

Um Zenos Leben rankten sich schon bald Wunderberichte: So soll bei einem starken Hochwasser der Etsch das Stadtgebiet von Verona überschwemmt worden sein, vor dem Portal von Zenos Grabeskirche aber soll das Wasser haltgemacht haben. Dorthin hatten sich viele Menschen geflüchtet.

In Bayern entstanden schon im frühen Mittelalter Zenokirchen, z. B. in Bad Reichenhall und in Isen im östlichen Oberbayern.

Zeno ist Patron der alten Römerstadt Verona und wird als Helfer bei Hochwasser, Überschwemmungen und anderen Wassergefahren angerufen.

Darstellung Der Heilige wird sehr häufig im bischöflichen Ornat und mit einem Buch in der Hand abgebildet, oft auch mit einer Angelrute und zwei Fischen (im Unterschied zu St. Ulrich, der mit nur einem Fisch dargestellt wird) sowie mit einem Engel.

KONRAD
KLOSTERPFÖRTNER IN ALTÖTTING

Der bescheidene Klosterbruder Konrad aus dem Wallfahrtsort Altötting ist nicht durch besondere Leistungen hervorgetreten. Er war nicht gelehrt und hatte keine besonderen Fähigkeiten, für ein Studium fehlten ihm die Geistesgaben. Und trotzdem erfreut sich der unscheinbare Mönch bis heute beim Kirchenvolk einer außergewöhnlichen Beliebtheit.

Johann Birndorfer – so hieß Konrad mit bürgerlichem Namen – wurde im Jahre 1818 als elftes Kind einer armen Bauernfamilie in dem kleinen Dorf Parzham bei Bad Griesbach in Niederbayern geboren. Wie seine Geschwister musste er von Kindheit an bei der Arbeit im Stall und auf dem Feld mithelfen. Er war schon 31 Jahre alt, als er sich entschloss, sein Leben grundlegend zu ändern. Freiwillig verzichtete er auf den ihm zustehenden Hof und wollte fortan als Ordensmann leben. Diese Kehrtwende kam nicht ganz überraschend, da er sich schon in jungen Jahren durch große Frömmigkeit auszeichnete. Oft zog es ihn allein in die Kirche zum Beten, besonders gern ging er zum Wallfahren nach Altötting. Hier lernte er auch die Kapuziner kennen, die in ihrer braunen Kutte oft in die Dörfer kamen und um Almosen für die Armen bettelten.

Nach reiflicher Prüfung nahm er Abschied von dem elterlichen Hof und trat in das St.-Anna-Kloster der Kapuziner in Altötting ein, wo man ihm den Ordensnamen Konrad gab. Da er bisher nur als Bauer gearbeitet hatte, konnte er im Kloster keine anspruchsvollen Aufgaben übernehmen. So teilte man ihm das einfache Pförtneramt zu, das er zur vollsten Zufriedenheit ausübte. Allen Besuchern begegnete er mit großer Liebenswürdigkeit, auch den Handwerksburschen, Kindern und Bettlern, die Tag für Tag an der Klosterpforte standen und um eine warme Suppe und ein Stück Brot baten. Mit großer Geduld kümmerte er sich um die vielen Wallfahrer, die Jahr für Jahr nach Altötting kamen. Nicht weniger als 41 Jahre übte Bruder Konrad den Pförtnerdienst aus. Er wirkte immer im Hintergrund, nie wurden seine Leistungen gelobt. 1894 starb er mit 76 Jahren. 40 Jahre später, am 20. Mai 1934, wurde der beliebte Mönch in Rom von Papst Pius XI. heiliggesprochen.

Darstellung Konrad wird als Kapuzinermönch mit braunem Habit, meist mit einem Kreuz in der Hand oder Brot an Kinder und Bettler austeilend, dargestellt.

Konrad ist der Patron der bayerischen und ungarischen Ordensprovinz der Kapuziner, der Pförtner und katholischen Burschenvereine und wird als Helfer in allen Nöten angerufen.

Hl. Konrad, Pfarrkirche Ering, Ndb.

GEORG

LEGENDÄRER DRACHENTÖTER

Georg ist der Patron der Soldaten und Schützen, der Bauern, Reiter und Hufschmiede, der Gefangenen und Pfadfinder, der Pferde und des Viehs. Im Mittelalter sollte er die Ritter und Kreuzfahrer beschützen. Er zählt zum Kreis der vierzehn Nothelfer.

Die Verehrung von St. Georg ist seit dem 4. Jahrhundert bezeugt. Nach der Legende stammte er aus Kappadokien am Schwarzen Meer und kämpfte als Legionär für den römischen Kaiser. Da er Christ war, soll er um 300 unter Diokletian (284–305) den Martertod gestorben sein. Sein Grab wird in Lod, einer kleinen Stadt in Israel, vermutet. Der englische König und Kreuzritter Richard Löwenherz brachte die Georgslegende im 12. Jahrhundert nach England, wo man Georg zum Patron des Königshauses machte.

Am bekanntesten ist die mittelalterliche Legende vom Drachentöter, in der vorchristliche Mythen mitschwingen: Einst bedrohte in Libyen ein furchterregender Drache die Stadt Silena. Täglich mussten ihm die Bewohner zwei Schafe opfern, um von ihm verschont zu bleiben. Als es in der Stadt keine Schafe mehr gab, verlangte der Drache täglich ein Menschenopfer. Eines Tages fiel das furchtbare Los auf die junge Tochter des Königs. Als sie zum Ufer des Sees kam, tauchte sogleich das Ungeheuer auf. Doch da erschien Georg als Rittersmann und tötete es.

Nun ließen sich der König, seine Tochter und alle Einwohner von Silena taufen. Wie in anderen ähnlichen Legenden verkörpert der Drache das Böse, das Unheimliche, das Dämonische, das durch den Glauben an Christus besiegt wird.

Die Georgsverehrung gelangte von der Ostkirche in das Abendland. Kaiser Heinrich II. weihte dem Heiligen in seinem Bamberger Dom den Ostchor. Herzog Wilhelm V. von Bayern ließ für seine Münchner Residenz von Goldschmieden eine Georgs-Statue anfertigen, die mit 2291 Diamanten besetzt ist. In Bayern und Österreich weisen viele Ortsnamen sowie Kirchen und Kapellen auf den Heiligen hin. Besonders imposant ist die Darstellung des Reiterheiligen der Brüder Asam in der Klosterkirche von Weltenburg.

Georgiritt in Ascholding, Obb.

Darstellung Georg wird als Ritter hoch zu Ross mit Fahne, Lanze und Schild im Kampf gegen den Drachen dargestellt.

Brauchtum Nach einer alten Tradition finden zu Ehren von St. Georg Pferdeumritte statt, so im niederbayerischen Aidenbach und Aigen am Inn sowie in Ascholding und Hausen in der Oberpfalz, in Effeltrich in Oberfranken. Am bekanntesten ist der Georgiritt in Traunstein. Dort ziehen am Ostermontag viele Reiter vom Stadtplatz zum nahe auf einer Anhöhe gelegenen Ettendorfer Kircherl, wo Pferde und Reiter gesegnet werden.

Georgsikone, Kirche St. Georg, Krak des Chevaliers, Syrien

Sankt Georg, der heilige Mann

2. Er reitet wohl ein in die Regensburgstadt,
wo man's mit dem grausamen Drachen z'thuen hat.
3. Es gingen viel Bürger und Bauern zu Rat,
was man jetzt mit dem Drachen z'thuen hat:
4. "Wir haben viel Kinder und Schaf hergeben,
der König muß selber sein Tochter geben."
5. Da kam ein edler Ritter daher:
"Ach Kind, was machst du allein da beim See?"
6. "Mein Vater hat mich dem Drachen übergeben,
der wird mich jetzt bringen um mein junges Leben."
7. "Wenn du willst glauben an einen Gott,
so will ich dich retten wohl vor dem Tod."
8. Als der grausame Drache den Rachen aufriss,
gab ihm Sankt Georg mit der Lanze ein Stich.
9. Sie gingen wohl vor des Vaters Haus.
Der König schaut oben beim Fenster heraus:
10. "Mein Kind, wer hat denn dies getan?"
"Das war Sankt Georg, der heilige Mann."

Tradition: *Legendenlied mit 24 Strophen, Slg. Kohl 1896, Südtirol 19. Jh.*
Neufassung: *Textüberarbeitung und Singform EBES/VMA 1990.*

Georgiritt, Traunstein

Das Ziel aller Ritte ist immer eine Georgskirche, zu der die Bauern früher Hufeisen, Ketten und Bildtafeln als Votivgaben brachten. Georg ist bis heute neben St. Leonhard der große Bauern- und Viehpatron.

Was heute vergessen ist: Früher war der Georgitag auch für die städtischen Dienstboten von Bedeutung, denn weitaus häufiger als an Lichtmess wechselten sie auf Georgi ihre Stelle in adeligen oder bürgerlichen Häusern. An diesem Tag wurden auch Saisonarbeiter für den Sommer eingestellt.

Ist Georgi mild und schön,
wird man noch schlecht
Wetter sehn.

Auf Sankt Georgs Güte
stehen alle Bäum in Blüte.

Hl. Georg, Pfarrkirche St. Georg, München Milbertshofen

MARKUS
BEGLEITER DES PAULUS

In Venedig begegnet dem Touristen auf Schritt und Tritt der heilige Markus. Auf Straßen und Plätzen wird an den Patron der Lagunenstadt erinnert: Markusplatz, Markusdom, Dogenpalast, Markuslöwe. Wie kommt er zu dieser Ehre?

Markus war Jude und schloss sich erst nach Christi Himmelfahrt seinen Jüngern an. Er stammte aus Jerusalem und war eng mit Petrus befreundet, der ihn taufte. Vermutlich diente er ihm als Dolmetscher, da dieser nur griechisch sprach. Der Legende nach feierte Jesus das Letzte Abendmahl im Jerusalemer Haus der Mutter von Markus. Als Jesus gefangen genommen und gekreuzigt wurde, hielten sich seine Jünger hier auf.

Markus tat sich durch besonderen Eifer in der Verkündigung von Jesu Botschaft hervor und begleitete Paulus und Barnabas auf ihren Missionsreisen nach Zypern. Hier gelang es ihm, eine Christengemeinde zu gründen.

Nach der Kreuzigung des Petrus im Jahr 64 schrieb Markus all das, was dieser und andere Christen ihm über Jesus mitgeteilt hatten, in seinem Evangelium nieder. Da er bei seinen Reisen nach Alexandria in Ägypten so viele Menschen begeistern konnte, erregte er den Zorn seiner Gegner, die ihn misshandelten, in den Kerker warfen und ihn durch die Straßen von Alexandria zu Tode schleiften. Das war um das Jahr 66/67.

Um das Jahr 828 kam es zu einem spektakulären Reliquienraub: Venezianische Kaufleute stahlen auf Initiative des Dogen in Alexandria die Gebeine des Evangelisten und brachten sie heimlich in ihre Vaterstadt. Über seinem Grab errichtete die wohlhabende Hafenstadt den prächtigen Markusdom. Das Attribut, der Löwe, der in seinen Pranken ein Evangelienbuch hält, wurde nunmehr auch zum Zeichen der Lagunenstadt.

Darstellung Der Evangelist Markus wird meist schreibend mit einem geflügelten Löwen, einem symbolträchtigen Attribut, dargestellt. Der Markuslöwe ist das Wappentier der Seerepublik Venedig.
Brauchtum Am Markustag finden an vielen Orten auf dem Lande Prozessionen und Bittgänge statt. Dabei wird um gutes Wetter und Segen für Feld und Flur gebetet. Im Bauernjahr galt der Markustag als Lostag für die weitere Witterung.

So lange es vor St. Markus warm ist, so lange ist es nachher kalt.
Leg erst nach Markus Bohnen, es wird sich lohnen.

Markus ist nicht nur Patron von Venedig und der Bodenseeinsel Reichenau, sondern auch Schutzpatron der Bauarbeiter, Maurer, Glaser, Korbmacher, Notare und Schreiber.
Er wird angerufen als Helfer für eine gute Ernte, gegen Unwetter, Blitz und Hagel und einen unbußfertigen Tod.

Hl. Markus, Predellabild von Jan Polak um 1490, Schlosskapelle Blutenburg, München

Markusdom, Venedig

4. Mai

FLORIAN

SCHUTZHERR DER FEUERWEHR

Florian ist bekannt als Patron der Feuerwehr (»Floriansjünger«), er ist aber auch der Schutzheilige von Oberösterreich und St. Florian bei Linz, der Bierbrauer und Kaminkehrer sowie der Helfer bei Wassergefahren. Dass er zum »Wasserheiligen« geworden ist, wird mit mehreren Legenden erklärt. Eine erzählt, dass Florian in seiner Jugend durch sein Gebet ein brennendes Haus rettete.

Florian zählt zu den besonders beliebten Heiligen, dessen Lebensweg an die Anfänge des Christentums in unserer Heimat erinnert. Er wurde in Lauriacum, dem heutigen Lorch bei Enns in Oberösterreich, zu Beginn des 4. Jahrhunderts geboren, also zur Zeit der Christenverfolgung durch Kaiser Diokletian (284-305). Trotzdem ließen ihn seine Eltern taufen und christlich erziehen, und aufgrund seiner herausragenden geistigen Fähigkeiten gelang es ihm, in der römischen Verwaltung Karriere zu machen. Florian genoss allenthalben großes Ansehen.

Als bekannt wurde, dass Florian Christ geworden war und sich weigerte, den römischen Göttern zu opfern, wurde er verhaftet und grausam gefoltert. Zuletzt hängte man ihm einen schweren Stein um den Hals und warf ihn in der Stadt Lorch in die Enns. So sollte verhindert werden, dass Christen seinen toten Leib wieder finden. In der Krypta der Stiftskirche von St. Florian bei Linz befindet sich ein Mühlstein, mit dem Florian ertränkt worden sein soll. Nach der Legende soll Florians Leichnam an das Ufer der Enns gespült und dort so lange von einem Adler bewacht worden sein, bis ihn die fromme Witwe Valeria zu einem Friedhof brachte.

Mit Florian wurden vierzig Gefährten getötet, deren Gebeine man bei Grabungen in Lorch in jüngster Zeit entdeckte. Über seiner Grabstätte errichteten die Passauer Bischöfe das berühmte Augustiner-Chorherrenstift St. Florian bei Linz. Reliquien des Heiligen befinden sich auch in Rom und Krakau.

Hl. Florian, St. Florian bei Frasdorf, Obb.

Darstellung Abbildungen zeigen Florian als römischen Legionär mit Harnisch und Lanze, der aus einem Schaff Wasser auf ein brennendes Haus gießt.

Der Florian, der Florian,
noch einen Schneehut setzen kann.

Es brennt, o heiliger Florian,
heut aller Orts und Enden.
Du aber bist der rechte Mann,
solch Unglück abzuwenden.

Hl. Florian, Hinterglasbild, Gmund am Tegernsee, Obb.

GISELA
BAYERISCHE KÖNIGIN IN UNGARN

Gisela wurde um 985 als Tochter von Herzog Heinrich II. von Bayern und Gisela von Burgund wahrscheinlich auf Schloss Abbach geboren. Ihre Eltern bestimmten für sie nicht den geistlichen Stand, sondern eine fürstliche Ehe. Nach einer Erziehung im Stift Niedermünster in Regensburg wurde sie im Alter von zehn Jahren mit dem ungarischen Thronerben Stephan I. vermählt. Nach einer späteren Überlieferung fand die Hochzeit wahrscheinlich im oberbayerischen Scheyern oder in Regensburg statt, dem Stammschloss der Wittelsbacher. Damit es zu der politisch gewollten Verbindung kommen konnte, musste der junge König zuerst zum christlichen Glauben übertreten. Am Weihnachtsfest des Jahres 1000 wurde Gisela, begleitet von bayerischen Beamten, gesalbt und gekrönt und das Paar als erstes christliches Königspaar ausgerufen.

In Ungarn, dem ihr fremden Land, hatte Gisela mit vielerlei Schwierigkeiten zu kämpfen, wohl auch deshalb, weil sie zusammen mit Stephan Kirchen und Klöster errichtete und das Christentum förderte. So gründete sie in Veszprém, in der Nähe des Plattensees, das erste Bistum des Landes und ließ einen prächtigen Dom erbauen.

Verlobung der bayerischen Prinzessin Gisela mit König Stephan von Ungarn, Wittelsbacher Grabkirche, Kloster Scheyern, Obb.

Nach dem frühen Tod ihres Mannes im Jahre 1038 verlor Gisela ihre politische und gesellschaftliche Stellung. Es kam sogar zu einer Revolte gegen die Königin bayerischer Herkunft. Sie wurde misshandelt und enterbt. Nach der Befreiung aus den Händen ihrer Gegner konnte sie 1045 nach Passau in ihrer Heimat fliehen. Hier trat sie in das Benediktinerinnenkloster Niedernburg ein, dem sie später als Äbtissin vorstand. Als sie 1060 hier starb, wurde sie in der Klosterkirche bestattet. Ihr spätgotisches Hochgrab ist bis heute Ziel vieler ungarischer Wallfahrer.

Darstellung Bilder zeigen Gisela in königlichen Gewändern, in den Händen einen Rosenkranz und ein Kirchenmodell haltend.

Gisela ist die Hauptpatronin von Ungarn und ihres Klosters Niedernburg.

MARIA THERESIA GERHARDINGER

GROSSE PÄDAGOGIN

Maria Theresia ist die Patronin der Armen Schulschwestern. Vor allem junge Menschen suchen bei ihr Beistand und Rat.

Maria Theresia war eine außergewöhnliche Frau, die im Münchner Angerkloster Schulgeschichte geschrieben hat. Geboren im Jahr 1797 als Karolina Gerhardinger in Regensburg-Stadtamhof, zeigte sich schon im Kindesalter ihre pädagogische Begabung und Leidenschaft. So wurde sie mit zwölf Jahren Hilfslehrerin und mit 15 Jahren Lehrerin an einer Regensburger Mädchenschule. Unter Anleitung des späteren Regensburger Bischofs Georg Michael Wittmann gründete sie mit zwei Junglehrerinnen in Neunburg vorm Wald in der Oberpfalz eine klösterliche Gemeinschaft, der sie den Namen »Arme Schulschwestern von Unserer Lieben

Sel. Maria Theresia Gerhardinger, Emailbild von E. Weinert 1986, Angerkloster, München

Frau« gab. Die Neunburger Schule mit hauswirtschaftlichen und kaufmännischen Fächern, Fremdsprachen und musischer Bildung sowie mit modernen Unterrichtsmethoden hatte bald Modellcharakter.

Nach der Ablegung der Ordensgelübde nahm Karolina Gerhardinger den Namen Maria Theresia von Jesu an. 1843 entschloss sie sich mit ihrer klösterlichen Gemeinschaft zu einem Umzug in das Angerkloster München, großzügig gefördert von König Ludwig I. Er schätzte ihre pädagogische Arbeit sehr, vor allem weil ihre Sorge verwaisten und verwahrlosten Mädchen galt, um die sich niemand kümmerte. Ludwig I. sah darin einen Weg zur Volksbildung auch für unterprivilegierte Schichten.

Sel. Maria Theresia Gerhardinger, Bronzerelief von Toni Rückel 1985, Angerkloster, München

Ein weiterer Grund für den Umzug nach München war Maria Theresias Bestreben, den Wirkungskreis des Ordens auf Großstädte auszudehnen. Und auch das beeindruckte den König: In ihrem pädagogischen Wirken war die engagierte Ordensfrau stets für Neuerungen offen. So gab es in ihrer Schule bereits einen Sportunterricht für Mädchen, was damals revolutionär war. Da Maria Theresia keineswegs auf die zentrale Leitung des Ordens und aller Schwesternniederlassungen verzichten wollte, kam es zum Konflikt mit dem Münchner Erzbischof Karl August Graf von Reisach, der die Oberaufsicht über die Schwesterngemeinschaft beanspruchte. Dank der Unterstützung von König Ludwig I. konnte sich die mutige Ordensfrau aber erfolgreich behaupten.

Maria Theresia wollte ihren Schülerinnen nicht nur Wissen vermitteln, im Zentrum stand für sie der ganze Mensch. Um ihr Erziehungsideal verwirklichen zu können, legte sie größten Wert auf eine professionelle und praxisnahe Ausbildung der Lehrerinnen und schuf damit die Grundlage für die schnelle Ausbreitung des Ordens. Noch zu ihren Lebzeiten entstanden Niederlassungen in Preußen, Baden, Österreich, Ungarn und England sowie in Nordamerika. 1879 zählte die Kongregation bereits über 2200 Schwestern, die in pädagogischen Einrichtungen wirkten. Bis heute erfreuen sich die Armen Schulschwestern in Kindergärten, Kinder- und Jugendheimen, Volks- und Berufsschulen sowie Gymnasien größter Wertschätzung. Beispielhaft ist das Theresia-Gerhardinger-Gymnasium in München zu nennen, eine bis heute sehr angesehene Schule.

Die Grabstätte der 1879 in München verstorbenen Ordensgründerin ist in der Jakobskirche in München. Am 17. November 1985 wurde Maria Theresia von Jesu von Papst Johannes Paul II. in Rom seliggesprochen. 1998 nahm die Bayerische Staatsregierung ihre Büste in die Walhalla bei Regensburg, die Ruhmeshalle für herausragende Persönlichkeiten, auf.

Darstellung Bilder zeigen Maria Theresia meist inmitten von Kindern.

PANKRATIUS, SERVATIUS, BONIFATIUS

DIE EISHEILIGEN

Pankratius ist der Schutzpatron der Erstkommunionkinder, Servatius der Stadt Maastricht und der Lahmen. Bonifatius ist der Schutzheilige von Fulda, Thüringen und England sowie der Bierbrauer und Schneider.

Die »Eisheiligen« sind bei uns sehr populär wegen der mit ihren Namensfesten verbundenen Wetterlage am beginnenden Frühling. Ihr Name prägte sich im Volksmund ein, weil nach langjähriger Erfahrung Mitte Mai die letzten Nachtfröste zu erwarten sind. Von der Biografie der drei Heiligen lassen sich jedoch keinerlei Bezüge zur Wetterlage in dieser Zeit ableiten.

Gotischer Hochaltar, Streichenkapelle 1524, Schleching, Obb.

Pankratius wurde um 290 in Phrygien (Kleinasien) geboren und kam schon mit dreizehn Jahren als Waise mit seinem Onkel in die Kaiserstadt Rom. Hier kümmerte er sich um die gefangenen und meist zum Tod verurteilten Christen. Als er fünfzehn Jahre alt war, ließ ihn Kaiser Diokletian (284–305) verhaften und an der Via Aurelia enthaupten. Über dem Grab des Märtyrers ließ Papst Symmachus um 500 eine Kirche erbauen, die Vorgängerin der Kirche S. Pancrazio fuori le mura. Im 10. Jahrhundert entwickelte sich in Kärnten und Deutschland ein Pankratiuskult.

Hl. Servatius, Kastenaltar von 1524, Streichenkapelle, Schleching, Obb.

Servatius, ab 345 Bischof im niederländischen Tongern, kümmerte sich um den Aufbau der Kirchenstruktur und war in heftige Auseinandersetzungen mit dem Arianismus, einer Irrlehre des 4. Jahrhunderts, verwickelt. Servatius starb gegen Ende des 4. Jahrhunderts als Bischof von Maastricht in Belgien. Dort ist auch sein Grab, das zu einer der bedeutendsten Pilgerstätten des Mittelalters wurde. Der bei uns weitgehend unbekannte Heilige genießt in Westdeutschland (Rheinland/Moselgebiet) große Verehrung.

Der Dritte im Bunde der Eisheiligen ist St. Bonifatius, der nicht mit dem Glaubensboten des 7. Jahrhunderts zu verwechseln ist. Über sein Leben liegen nur Legenden vor. Danach soll er als Nichtchrist von einer reichen Römerin nach Tarsus (heute Türkei) entsandt worden sein, um dort die Reliquien christlicher Märtyrer aufzuspüren und nach Rom zu bringen. Obwohl die Christen dort grausam verfolgt wurden, ließ er sich taufen und bekannte öffentlich seinen Glauben. Deshalb starb er um 300 durch siedendes Pech als Märtyrer.

Hl. Pankratius, Freskenzyklus um 1380, Urschalling bei Prien, Obb.

Darstellung Pankratius wird oft in vornehmer Kleidung oder in Ritterrüstung, mit Schwert, Märtyrerkrone und Palme dargestellt, Servatius im Bischofsgewand mit Buch oder Stab, Bonifatius als Jüngling oder bärtiger Greis sowie beim Martyrum (Tod in heißem Pech).

Pankraz, Servaz und Bonifaz,
die machen erst dem Sommer Platz.

St. Bonifaz muss vorüber gehn,
dann wirst du kaum mehr Nachtfrost sehn.

JOHANNES VON NEPOMUK
BRÜCKENHEILIGER AUS PRAG

Johannes von Nepomuk ist Landespatron von Böhmen/ Tschechien, zweiter Patron des Jesuitenordens, Schutzpatron der Priester und Beichtväter sowie der Brücken, Schiffer und Flößer.

Johannes wurde um 1350 in Pomuk (daher der Name Ne-Pomuk) in Böhmen geboren. Nach dem Studium der Rechte in Prag und Padua wirkte er als Notar in der erzbischöflichen Kanzlei in Prag. Zusätzlich studierte er Theologie und wurde 1380 zum Priester geweiht. Bald schon wurde er der Generalvikar des Prager Erzbischofs und versuchte in dieser Stellung immer wieder, die Spannungen zwischen König Wenzel IV. und dem Erzbischof abzubauen. Als der angesehene Prälat jedoch die Rechte des Königs beschneiden wollte, kam es zum Konflikt, besonders auch, weil sich Johannes dem Plan des Königs widersetzte, das Prager Erzbistum zu verkleinern. Wegen dieses Widerstandes ließ Wenzel den Generalvikar zusammen mit dem Erzbischof verhaften. In der Nacht zum 21. März 1393 wurde Johannes von Nepomuk durch die Straßen von Prag gezerrt, gefesselt und von der Karlsbrücke in die Moldau geworfen.

Vortragsstange mit Modell eines Innschiffes mit Muttergottes und hl. Johannes Nepomuk, Wallfahrtskirche Kirchwald bei Nussdorf, Obb.

Links: Asamkirche, dem hl. Johannes Nepomuk geweiht, erbaut von den Gebr. Asam 1733-1746, München

Rechts: Hl. Johannes Nepomuk, Karlsbrücke über die Moldau, Prag

Bald nach seinem Tod entstand die Legende, dass Johannes sterben musste, weil er sich geweigert hatte, dem misstrauischen König die Beichte seiner Gemahlin zu offenbaren und das Beichtgeheimnis zu brechen.

Der mutige Priester wurde im Prager Veitsdom bestattet, wo man ihn als Märtyrer verehrte. Als man 1719 das Grab des Heiligen im Veitsdom öffnete, war seine Zunge noch völlig unverwest, was man als Beweis seiner Heiligkeit deutete. 1729 wurde Johannes von Nepomuk von Papst Benedikt III. heiliggesprochen.

1683, fast 300 Jahre nach seinem Tod, stellten die Prager Bürger ein Standbild des großen Kirchenmannes auf der Karlsbrücke auf, das zum Vorbild für Tausende »Brückenheilige« in ganz Europa, vor allem auch in Süddeutschland und Österreich, wurde.

Dem heiligen Nepomuk wurden vor allem in der Zeit der Gegenreformation viele Kirchen und Kapellen geweiht. Wohl eine der schönsten Kirchen erbaute ihm Egid Quirin Asam in München direkt neben seinem Wohnhaus in der Sendlinger Straße (Asamkirche). Sein Bruder Cosmas Damian schuf für dieses Juwel des Rokoko ein großes Deckenfresko mit Szenen aus dem Leben des auch in Bayern sehr beliebten böhmischen Heiligen.

Darstellung Johannes von Nepomuk kennt man von vielen Bildern, die ihn als Chorherrn zeigen mit schwarzer Kleidung, einem weißen Chorrock, auf dem Kopf ein Birett und darüber einen Kranz mit fünf Sternen (für die Buchstaben des lateinischen Wortes »tacui« – »ich habe geschwiegen«).

Hl. Johann Nepomuk treib uns die Wassergüsse z'ruck.

13. Juni

ANTONIUS
VOLKSHEILIGER AUS PADUA

Antonius ist der Patron seiner Heimatstadt Lissabon sowie von Padua, daneben der Liebenden, Ehepaare, Kinder und Armen. Dem Heiligen wurden zahlreiche Kirchen und Kapellen geweiht. Besonders sehenswert sind die Wallfahrtskirche in Garmisch-Partenkirchen und die kleine Kapelle im Kaisertal bei Kufstein in Tirol inmitten der Bergwelt des Wilden Kaisers.

Antonius, eine der herausragenden Gestalten des Mittelalters, wurde im Jahr 1195 in der portugiesischen Stadt Lissabon als Fernando Martin de Bulhom geboren. Mit 16 Jahren trat er bei den Augustiner-Chorherren ein und wurde Priester, wechselte aber schon bald zum Franziskanerorden und nahm den Namen Antonius an. Nach einem kurzen Aufenthalt in Marokko verschlug es sein Schiff bei der Heimkehr nach Sizilien. Von dort begab er sich zu Fuß nach Oberitalien und Südfrankreich. Bei seinen Predigten hatte er einen so großen Zulauf, dass die Kirchen die Zuhörer nicht mehr fassen konnten. Sie glaubten, einem Engel zu lauschen, wenn er zu ihnen sprach. So musste man oft die Predigtkanzel ins Freie verlegen.

In Umbrien begegnete Antonius dem großen Franz von Assisi, der ihn sehr schätzte und als Lehrer der Theologie für seine Ordensbrüder an die Universität Bologna berief. Da er überall sehr angesehen war, holte man ihn oft bei Streitigkeiten als Friedensstifter. Nach anstrengenden Predigtreisen zog sich Antonius mit 36 Jahren auf ein einsames Landgut zurück, wo er kurz vor seinem Lebensende eine Erscheinung hatte: Er sah das Jesuskind und durfte es sogar auf seinen Arm nehmen. Bald darauf, am 13. Juni des Jahres 1231, starb Antonius auf dem Weg nach Padua im Klarissenkloster Arcella, erschöpft von seinen übermenschlichen Anstrengungen.

Nach einer Legende wirkte Antonius auch Wunder. So soll er Tote wieder zum Leben erweckt haben. Als einmal niemand seine Predigt hören wollte, sollen Fische ihre Köpfe aus dem Meer gestreckt und sich ihm zugewandt haben. Die legendäre

Basilika des hl. Antonius, Padua, Italien

Begebenheit hat viele Künstler zu Darstellungen inspiriert. Wie Franziskus hatte auch Antonius eine große Liebe zur Natur und zu den Tieren.

Die Gebeine des Heiligen ruhen in der Basilika von Padua, die nach seinem Tod erbaut wurde. Sie ist bis heute weltweit eine der größten Pilgerstätten der Christenheit. An seinem Grab finden sich an allen Tagen Menschen zum Gebet ein. Die Verehrung des heiligen Mönches ist ungebrochen, gilt er doch als Nothelfer in aussichtslosen Fällen. Viele sehen in ihm einen zuverlässigen Helfer, wenn sie etwas verloren oder verlegt haben. So wurde er zum Patron der Schlamper. An seinem Namensfest findet in Lissabon alljährlich ein großes Volksfest mit einer nächtlichen Prozession statt.

Antoniuskapelle im Kaisertal, Tirol

Darstellung Bilder zeigen den beliebten Heiligen als Mönch mit dem Jesuskind auf dem Arm, oft auch mit einer Lilie oder einem flammenden Herzen.

Wenn St. Anton gut Wetter lacht, St. Peter [29. Juni] viel in Wasser macht.

Wallfahrtskirche St. Anton, Garmisch-Partenkirchen, Obb.
Links: Hl. Antonius mit dem Jesuskind,
Rechts: Hl. Antonius als Fürsprecher der Menschheit, Deckenfresko von Johann Holzer 1736

15. Juni

VITUS
HELFER IN VIELEN NÖTEN

Vitus ist der Landespatron von Sachsen, Böhmen und Sizilien. Auf seine Hilfe vertrauen Winzer, Bierbrauer und Apotheker. Zu allen Zeiten sah man in ihm einen Helfer bei Krankheiten von Menschen und Tieren, bei Schlangenbiss, Tollwut sowie Unfruchtbarkeit und besonders bei Besessenheit und epileptischen Anfällen.

Hl. Vitus, Gnadenaltar, Wallfahrtskirche Vierzehnheiligen, Ofr.

Hl. Vitus, Deckenfresko, ehemalige Klosterkirche Seeon, Obb.

Vitus ist im Kreis der vierzehn Nothelfer wohl der jüngste Märtyrer. Er wuchs in der zweiten Hälfte des dritten Jahrhunderts als Sohn heidnischer Eltern in Sizilien auf und lernte als Siebenjähriger durch seine Amme Crescentia und seinen Lehrer Modestus den christlichen Glauben kennen. Als sein Vater davon erfuhr, verprügelte er ihn und ließ ihn dem römischen Präfekt vorführen, der Vitus trotz harter Strafen nicht vom christlichen Glauben abbringen konnte.

Nach der Legende holte Kaiser Diokletian (284–305) den jungen Vitus nach Rom, um seinen Sohn von einer Besessenheit zu befreien. Trotz dessen Heilung ließ Diokletian den Jüngling wegen seiner Zugehörigkeit zum Christentum einkerkern und grausam foltern. Zusammen mit seinen Gefährten wurde Vitus in einen Kessel mit siedend heißem Öl geworfen. Darauf weist sein Attribut, ein

Kessel, hin, der zu seinem Erkennungszeichen wurde. Vitus starb um das Jahr 304.

Reliquien des heiligen Vitus gelangten im 8. Jahrhundert in die Benediktinerabtei Saint-Denis in Paris und in das Kloster Corvey bei Höxter nahe Paderborn. Anfang des 11. Jahrhunderts ließ Kaiser Heinrich II. eine Armreliquie für den neu erbauten Veitsdom nach Prag bringen. Seit 1355 ist das Haupt des Märtyrers in der Stadt an der Moldau. An mehr als 1300 Orten in Europa weihte man Vitus Kirchen, Kapellen und Altäre. In Bayern gibt es Vituskirchen u.a. in Nürnberg, im oberbayerischen Nußdorf am Inn und in Neumarkt in der Oberpfalz.

Martyrium des hl. Vitus, Relief an Bauernhof, Wülfersdorf, Ufr.

Darstellung Vitus wird als Hinweis auf sein Martyrium meist mit einem kleinen Kessel dargestellt, der vom Volk etwas umgedeutet wurde. Helfen sollte der Heilige nämlich auch bei einem gesundheitlichen Problem, das meist verschwiegen wurde: Man versprach sich von ihm Hilfe bei Bettnässen und deutete den Kessel kurzerhand als Nachttopf. Im Volksmund hieß es: »Heiliger Sankt Vit, weck mich zur Zit, nit zu früh und nit zu spot, dass es nit ins Bett nein got.«

An Vitus viel Donner bringt fruchtbaren Sommer.

Weil nach dem alten Julianischen Kalender der Veitstag der längste Tag im Jahr, also die Sommersonnenwende war, kam es zur Redensart: »Nach Sankt Veit wendet sich die Zeit. Alles geht auf die andere Seit.«

St. Veitsdom auf dem Hradschin über der Moldau, Prag

16. Juni

BENNO
STADTPATRON VON MÜNCHEN

Benno ist seit 400 Jahren der Schutzpatron der Stadt München und des Bistums Dresden-Meißen, von Altbayern sowie der Fischer und Tuchmacher. Die Bauern rufen ihn als Helfer gegen Unwetter und Dürre an.

Benno wird in München als Stadtpatron verehrt, obwohl er die Stadt zu Lebzeiten nie gesehen und betreten hat. Er wurde um das Jahr 1010 als Sohn eines sächsischen Grafengeschlechts in der Nähe von Hildesheim geboren. Hier trat er in ein Benediktinerkloster ein und wurde nach dem Studium der Theologie in Paris zum Priester geweiht. Nach einer kurzen Zeit als Abt des Hildesheimer Klosters wurde er 1066 in Magdeburg zum Bischof von Meißen berufen und in die Auseinandersetzungen des Investiturstreits hineingezogen. Dieser erreichte 1077 seinen Höhepunkt durch den berühmten Bußgang des sächsischen Königs nach Canossa, wo ihn der Papst vom Kirchenbann befreite. 1085 wurde Benno von König Heinrich IV. abgesetzt und musste nach Rom fliehen. Erst drei Jahre später konnte er wieder die Leitung des Bistums übernehmen.

Hl. Benno, Pfarrkirche St. Nikolaus, Murnau, Obb.

Links: Hl. Benno, barocke Darstellung, Privatbesitz Oberbayern

Rechts: Dom mit Albrechtsburg, Meißen, Sachsen

Um Bennos Heimkehr rankt sich eine Legende: Als er unerkannt als Pilger aus Rom in seine Bischofsstadt zurückkam, bestellte er in einem Gasthaus einen Fisch, bei dessen Zubereitung der Koch in den Kiemen einen großen Schlüssel entdeckte. Es war der lange verschwundene Domschlüssel, den Benno vor seiner Flucht in die Elbe geworfen hatte. So verbreitete sich rasch die Nachricht von der Rückkehr des alten Bischofs in seiner Stadt.

Nach seinem Tod im Jahre 1106 wurden Bennos Gebeine in den neu erbauten Meißner Dom überführt und dort zum Ziel vieler Wallfahrten. Die Heiligsprechung des Bischofs führte in der Reformationszeit des 16. Jahrhunderts zu heftigen Auseinandersetzungen. Martin Luther war die große Verehrung des neuen Heiligen ein Dorn im Auge und er bekämpfte sie heftig in seiner Schrift »Wider den neuen Abgott und alten Teufel, der zu Meißen soll erhoben werden«. Um Bennos Grab vor der drohenden Zerstörung durch die Reformatoren in Sicherheit zu bringen, gelang es dem bayerischen Herzog Albrecht V., die Gebeine 1576 in die Münchner Frauenkirche zu überführen. Hier wurde die Grabstätte schon bald zu einem großen Wallfahrtsort. Seit 1604 ist der Bennoaltar in der Münchner Frauenkirche das Zentrum der Verehrung des Heiligen. Die katholischen Christen der bayerischen Landeshauptstadt feiern ihn alljährlich im Rahmen des Bennofestes mit Gottesdiensten im Dom und einem Straßenfest in der Fußgängerzone.

Darstellung Bennos legendäre Rückkehr in seine sächsische Heimat gab den Anstoß für zahlreiche Darstellungen des Heiligen als Bischof mit einem Fisch und zwei Schlüsseln.

QUIRIN

PATRON DES TEGERNSEER TALS

Quirin ist der Patron von Tegernsee und mit dem ehemaligen Kloster verbundener Orte in Südtirol und in der Wachau. Bei Augen- und Ohrenleiden rief man ihn als Helfer an.

Quirinuslegende: Der Heilige nach der Enthauptung im Himmel, Deckenfresko von Hans Georg Asam 1689/94, ehemalige Klosterkirche, Tegernsee

Quirinusbrunnen, Filialkirche, St. Quirin am Tegernsee

Den frühchristlichen Namen Quirin tragen mehrere Heilige. Einer von ihnen ist der römische Märtyrer Quirinus, dessen Reliquien im 8. Jahrhundert ins Benediktinerkloster Tegernsee kamen. Der Legende nach starb Quirinus unter Kaiser Claudius II. Gothicus (268–270) den Märtyrertod. Nach einer langen Kerkerhaft wurde er mit dem Schwert getötet. Sein Leichnam wurde in den Tiber geworfen und blieb an der Tiberinsel Lycaonia (San Bartolomeo) liegen. Dort fanden ihn Christen und bestatteten ihn nachts in der Pontianus-Katakombe.

Seit Mitte des 8. Jahrhunderts begaben sich immer wieder Christen aus Bayern nach Rom, um die Stätten der Heiligen zu besuchen und Reliquien von Märtyrern heimzubringen. Man wollte sie in der Heimat verehren, so auch die Brüder Adalbert und Otgar, die Gründer des Benediktinerklosters Tegernsee. Mit päpstlicher Erlaubnis wurden ihnen Reliquien von Quirinus übergeben, die 804 in der Klosterkirche, seit 1803 in der Pfarrkirche St. Quirin, feierlich beigesetzt wurden.

Wie so vieles über Quirins Leben ist auch die Überführung der Gebeine des frühchristlichen Glaubenszeugen von Legenden überlagert. So soll bei einem letzten Halt zwischen Gmund und Tegernsee »dort, wo die Trage mit dem heiligen Leib gestanden war«, eine Quelle entsprungen sein. Sie soll »angenehm im Geschmack« und heilsam gewesen sein. Über der Quelle entstand die Kirche von St. Quirin. In ihrer Mitte ist bis heute ein Ziehbrunnen, der an das legendäre Ereignis erinnert. Im 15. Jahrhundert entdeckte man am Westufer des Tegernsees eine Erdölquelle, die bis zum 18. Jahrhundert heilkräftiges »Quirinus-Öl« spendete.

Darstellung Die Bilder zeigen Quirin als Kaisersohn in römischer Rüstung mit Krone, Szepter und Reichsapfel sowie mit Schwert und Palmzweig, dem Zeichen seines Martyriums.

ALOYSIUS

SELBSTLOSER HELFER DER KRANKEN

Aloysius wurde 1568 als Sohn des Markgrafen von Castiglione geboren und war Page am Fürstenhof der Medici in Florenz. Hier lernte er das höfische Leben mit all seinen Begleiterscheinungen wie Intrigen, Gewalt und Verrat kennen. Es widerte ihn so sehr an, dass er sich mit 17 Jahren gegen den Willen seines Vaters, der ihn als Erbe vorgesehen hatte, aus der Welt der Mächtigen zurückzog und in die »Gesellschaft Jesu«, den neuen Orden des Spaniers Ignatius von Loyola, eintrat.

Aloysius ist der Patron der studierenden Jugend und Fürsprecher bei Krebs- und Aids-Erkrankungen. In Bayern erfreute sich der italienische Ordensmann als Namensgeber früher großer Beliebtheit.

Hl. Aloysius von J. Anwander, 1756, Bieselbach, Schwaben

Zugunsten seines Bruders verzichtete Aloysius auf das väterliche Erbe und vertiefte sich in Rom mit großer Begeisterung in das Studium der Philosophie und Theologie. Im Jesuitenkolleg zeichnete er sich durch tiefe Frömmigkeit und große Bußstrenge gegen sich selbst aus. Seine Begabung, Frieden zu stiften, half ihm nach dem Tod seines Vaters, die Erbstreitigkeiten in der Familie zu schlichten.

Als in Rom eine Pestepidemie wütete, widmete sich Aloysius den Kranken und bettelte persönlich für die Armen. Da die Seuche sehr viele junge Jesuiten dahinraffte, verbot man ihm, weiterhin die Pestkranken auf den Straßen zu pflegen. Er entschloss sich aber, seinen Dienst im Spital, in dem keine ansteckenden Kranken lagen, fortzusetzen. Trotz aller Vorsicht konnte er jedoch nicht vor der todbringenden Krankheit geschützt werden. Nach kurzem Krankenlager starb er am 21. Juni 1591 mit nur 23 Jahren. Seine letzte Ruhestätte fand er in der großen Jesuitenkirche S. Ignazio in Rom. Aloysius wurde bereits wenige Jahre nach seinem Tod selig- und 1726 heiliggesprochen.

Darstellung Aloysius wird meist im schwarzen Jesuitenhabit mit Chorrock, in der Hand ein Kreuz oder eine Lilie, dargestellt. Große Künstler wie El Greco, Lopez und Tintoretto haben dem selbstlosen Priester Bilder gewidmet.

Hl. Aloysius von Gonzaga, oberbayerische Klosterarbeit, Privatbesitz Oberbayern

JOHANNES
TÄUFER AUS DER WÜSTE

Johannes ist Patron der Bauern, aber auch der Architekten, Gastwirte, Hirten, Kaminkehrer, Winzer und Zimmerleute. Dem Täufer Jesu wurden in der Vergangenheit viele Kirchen, Kapellen und Altäre geweiht.

Johannes begleitete wie kein anderer das Leben und Wirken von Jesus. Als Sohn der schon betagten Eltern Zacharias und Elisabeth erblickte er ein halbes Jahr vor Jesus das Licht der Welt. Seine Heimat war das bergige Judäa. Schon in jungen Jahren zog er sich gerne in die Wüste zurück, wo er sich der Gruppe der Essener angeschlossen haben soll, die sich auch in Qumran am Toten Meer aufhielten. Hier wurden vor einem halben Jahrhundert historisch bedeutende Handschriften gefunden.

Johannes predigte in der Wüste und am Jordan Buße und Umkehr zur Vorbereitung auf die Ankunft des Messias. Jesus selbst empfing von ihm im Jordan die Bußtaufe. Johannes verstand sich immer als der Vorläufer des Größeren, der nach ihm kommen sollte. Mit seiner asketischen Lebensweise beeindruckte er seine Mitmenschen so sehr, dass König Herodes Antipas in ihm wegen seiner großen Beliebtheit eine Gefahr für sich und seinen Thron sah, zumal als er es gewagt hatte, ihn wegen des Ehebruchs mit Herodias, der Frau seines Verwandten Herodes Philippus, öffentlich zu rügen. Deshalb ließ er Johannes verhaften, gedrängt von Herodias. Als ihre Tochter Salome bei einer Geburtstagsfeier zu Ehren des Herodes tanz-

Taufe Christi im Jordan, Deckenfresko von J. B. Baader, 1759, Pfarrkirche St. Johannis, Wessobrunn, Obb.

Links: Gastmahl des Herodes und Enthauptung des hl. Johannes, Pfarrkirche St. Johannes Bapt. Usterling, Stadt Landau, Ndb.

Rechts: Hl. Johannes, Wallfahrtskirche Fährbrück, Ufr.

te, forderte sie als Lohn das Haupt des Johannes. Nach alten Quellen bestatteten die Jünger Johannes in Sebaste in Samaria.

Darstellung Künstler haben Johannes bei der Taufe Jesu im Jordan und bei seiner Enthauptung mit Haupt auf einer Schale dargestellt.

Brauchtum Die große Beliebtheit dieses Heiligen, im Volksmund »Sommerhansl« genannt, zeigt sich besonders im Brauchtum, das sich um sein Namensfest rankt. Nach einem sehr alten Brauch wird auf Anhöhen und Bergen bei Einbruch der Nacht das Johannisfeuer entzündet, mit dem die Kirche ein Gegengewicht zum beliebten heidnischen Sonnwendfeuer schaffen wollte. Das Johannisfeuer ist alljährlich ein Freudenfest: Der Sonnenbogen hat seinen Zenit erreicht, jetzt sind die längsten Tage und kürzesten Nächte des Jahres, jetzt ist die Zeit der Sommersonnenwende.

Früher war Johannes der Täufer einer der beliebtesten Namengeber, sogar Pflanzen und Tiere wurden nach ihm benannt: Johannisbeere, Johanniskraut, Johanniskäfer, Johanniswürmchen. Dem Johanniskraut wird eine besondere Heilkraft bei Verbrennungen, Fieber und Wundbehandlungen nachgesagt.

Nach altem Brauch werden zur Sommersonnenwende auf Anhöhen Sonnwendfeuer entzündet. Diesem heidnischen Brauch versuchte die Kirche durch eine Verbindung mit dem Namensfest des heiligen Johannes des Täufers einen christlichen Sinn zu geben. So wurde das Sonnwendfeuer weithin zum Johannisfeuer.

Vor Johanni bitt um Regen, nachher kommt er ungelegen.

29. Juni

PAULUS
DER VÖLKERAPOSTEL

Paulus ist Patron von Rom, Umbrien und Malta, der Zeltmacher, Weber, Theologen und der katholischen Presse und gilt als Helfer bei Blitz, Hagel und Schlangenbiss. Dem Heiligen sind in Bayern nur wenige Kirchen geweiht, viele aber zusammen mit Petrus.

Paulus, der mit seinem hebräischen Namen Saulus hieß, wurde um das Jahr 5 n.Chr. in Tarsus (Türkei) geboren. Er war der Sohn vermögender jüdischer Eltern mit römischem Bürgerrecht und gehörte zu den glaubenstreuen Pharisäern. Er wurde Zeltmacher und erhielt, da er Schriftgelehrter werden wollte, in Jerusalem eine hervorragende theologische Ausbildung bei dem jüdischen Lehrer Gamaliel. In seinem Glaubenseifer beteiligte er sich an der Verfolgung der jungen Christengemeinde und war Augenzeuge der Steinigung des Stephanus.

Das zentrale Ereignis seines Lebens war das sogenannte Damaskuserlebnis: Während der Verfolgung der Christen in Damaskus erschien ihm auf dem Weg der Auferstandene in einer Vision. Daraufhin vollzog er in seinem Leben eine totale Kehrtwende und schloss sich der Christengemeinde an. Mit großem Eifer predigte er in der Synagoge und wurde nun selbst von den Juden verfolgt. In Damaskus konnte er nur mit Hilfe von Freunden in einem Korb über die Stadtmauer fliehen.

Hl. Paulus, Statue vor der Peterskirche, Rom

Bekehrung des hl. Paulus vor Damaskus, Deckenfresko von M. Günther, Pfarrkirche Mittenwald, Obb.

Kapelle des Ananias, der auf göttliche Weisung Paulus nach dem Pferdesturz in seinem Haus aufgenommen hat, Damaskus, Syrien

Um 35 n. Chr., drei Jahre nach seiner Berufung, begab sich Paulus nach Jerusalem, um von Petrus als Apostel und Heidenmissionar anerkannt zu werden. Er kämpfte vor allem um die Anerkennung der Heidenchristen, also nicht-jüdischer Christen. Im Gegensatz zu Petrus setzte er sich dafür ein, die christliche Mission über das Judentum hinaus auszudehnen, und legte das Hauptgewicht seines Wirkens auf die Heidenmission. Von Antiochia in Syrien aus unternahm er zusammen mit Barnabas eine erste Missionsreise nach Zypern und Kleinasien und nahm am Apostelkonvent in Jerusalem im Jahre 48 teil. Auf weiteren Reisen kam er nach Mazedonien und Griechenland, wo er auf dem Areopag in Athen eine flammende Rede hielt. Bei seinen Reisen musste er viele Leiden und Strapazen ertragen, Hunger, Durst, Verfolgung, Auspeitschung, Steinigung, Gefangenschaft und Schiffbruch. Zu den von ihm gegründeten Christengemeinden, etwa in Thessaloniki und Korinth, hielt Paulus engen Briefkontakt. Er starb vermutlich um das Jahr 60/62, während der Amtszeit Neros, in Rom den Märtyrertod durch das Schwert.

Hl. Paulus, Kirche S. Teodoro, Pavia, Lombardei

Paulus, der in der jungen Kirche nicht unumstritten war, löste das Christentum aus seiner engen Bindung an jüdische Riten und Lebensweisen und öffnete es für die Heiden. Er war der Vorkämpfer für eine Weltkirche. Zu seiner Ehre entstand in Rom die Kirche S. Paolo fuori le mura (St. Paul vor den Mauern), die neben dem Petersdom die zweitgrößte Kirche in der Ewigen Stadt ist. Nach einem Brand im Jahre 1823 wurde sie wieder vollständig aufgebaut.

Schön zu St. Paul,
füllt Scheune und Maul.

Darstellung Künstler stellten Paulus als Apostel mit Buch und Schwert (besonders bekannt das Bild »Vier Apostel« von Albrecht Dürer in der Alten Pinakothek in München) dar.

Regnet es an Peter und Paul,
wird des Winzers Ernte faul.

PETRUS

FISCHER VOM SEE GENEZARETH

Petrus wurde eine Vielzahl von Patronaten übertragen. So ist er der Schutzheilige der Päpste sowie der Fischer, Fischhändler, Schiffer und Schiffbrüchigen, der Brückenbauer, Uhrmacher und Weber.

Über keinen Jünger Jesu berichten die Evangelisten so viel wie über Petrus. Er lebte mit seiner Familie als Fischer in Kafarnaum am See Genezareth, als er dem Wanderprediger Jesus begegnete. Er begeisterte ihn so sehr, dass er sich ihm zusammen mit seinem Bruder Andreas anschloss. Damit gehörte er zu seinen ersten Jüngern. Dieser schätzte ihn sehr, obwohl er ein Hitzkopf und oft aufbrausend und unüberlegt war. Jesus gab ihm, der eigentlich Simon hieß, einen neuen Namen und sagte zu ihm: »Du bist Petrus, der Fels, und auf diesem Fels will ich meine Kirche bauen.«

Trotz seiner Treueschwüre verhielt sich Petrus in der Nacht vor Jesu Tod nicht sehr tapfer: Er leugnete dreimal, ihn zu kennen. Der Kreuzestod seines Herrn war für ihn und alle Jünger die große Katastrophe ihres Lebens. Nach der Auferstehung erschien ihm Jesus als einem der Ersten am Ostermorgen. Inmitten der allgemeinen Verwirrung trug Petrus wesentlich dazu bei, dass sich die Jünger wieder sammelten und die Kunde von der Auferstehung Christi überall verkündeten. Petrus übernahm nun innerhalb der Schar der Jünger die Führungsrolle.

Nach einem Streit mit Paulus setzte auch er sich für die Mission bei den Heiden ein und begab sich schon bald auf Reisen nach Antiochien und Rom, wo er

Bischofstuhl, Petruskirche, älteste Kirche der Christenheit um 40 n. Chr., Antakya (ehemaliges Antiochia), Türkei

Petersplatz mit Peterskirche, Rom

Hl. Petrus mit Hahn von J. B. Baader 1750, Heiliges Grab, Pfarrkirche Stadl, Schw.

Der Peter- und Paul-Tag gilt bei den Bauern als wichtiger Lostag für die weitere Witterung, was in alten Wetterregeln zum Ausdruck kommt:

Regnet's am St. Peterstag, drohen dreißig Regentag.

Peter und Paul hell und klar bringt ein gutes Jahr.

Christengemeinden gründete. Als es zum Streit zwischen unterschiedlichen theologischen Richtungen in der Urkirche kam, wirkte Petrus vermittelnd. Sein großes Anliegen war die Bewahrung der Einheit der Christen.

In Rom, wo sich Petrus längere Zeit aufhielt, ereilte ihn während der Verfolgungen unter Kaiser Nero 64–67 der Kreuzestod. Die Christen bestatteten ihn unter der heutigen Peterskirche, was durch Ausgrabungen in jüngster Zeit bestätigt wurde. Kaiser Konstantin der Große ließ über seinem Grab eine fünfschiffige Basilika (Alt-St.-Peter) errichten, die von Papst Silvester 326 eingeweiht wurde. An ihrer Stelle begann Papst Julius II. im Jahre 1506 mit dem Neubau der heutigen Peterskirche. Baumeister waren die größten Künstler der damaligen Zeit: Bramante, Michelangelo und Raffael.

In Bayern entstanden schon im frühen Mittelalter Kirchen und Kapellen zu Ehren des Apostels, so um 1104 auf dem Petersberg bei Erdweg (Kreis Dachau) und 1139 auf dem Petersberg bei Flintsbach im Inntal. Die älteste Kirche in München ist die Peterskirche (Baubeginn in der ersten Hälfte des 11. Jahrhunderts).

Hl. Petrus, romanische Kirche S. Pietro, Portacomaro, Piemont

Darstellung Künstler haben Petrus meist als alten Mann im päpstlichen Ornat mit einem oder zwei Schlüsseln, dem Zeichen für das Hirtenamt, sowie mit Schiff, Buch, Hahn oder Kreuz dargestellt. Besonders eindrucksvoll ist die große Figur des Heiligen auf dem Hochaltar der Münchner Peterskirche.

OTTO VON BAMBERG

APOSTEL DER POMMERN

Otto ist der Patron des Erzbistums Bamberg und der Diözese Berlin. In der Erzdiözese Bamberg wird sein Namensfest am 30. September gefeiert.

Otto ist eine herausragende Gestalt des frühen Mittelalters. Er stammte aus adligem schwäbischem Geschlecht und war Bauleiter am Dom von Speyer und Kanzler von Kaiser Heinrich IV. 1102 wurde er zum Bischof von Bamberg berufen. Mit Klugheit vermittelte er im langjährigen Investiturstreit zwischen Kaiser und Papst. Er war wesentlich am Wormser Konkordat beteiligt und sicherte die Rechte des Papstes zur Übertragung der kirchlichen Herrscherrechte.

In seinem Bamberger Bistum zeichnete sich Otto durch Fürsorge für die Armen aus. Ebenso setzte er sich für eine Reform des Mönchtums ein und ließ viele Klöster gründen. Die neuen Orden der Zisterzienser und Prämonstratenser unterstützte er nach Kräften. Er war der große Förderer der Slawenmission und organisierte die junge Kirche in Pommern. Dorthin unternahm er zwei Missionsreisen und taufte mit seinen Priestern 22 000 Menschen.

Otto vollendete den Wiederaufbau des bei einem Brand stark zerstörten Domes in Bamberg. Er starb am 30. Juni 1139. Nach seinem Wunsch wurde er in der Kirche des Benediktinerklosters auf dem Michelsberg bestattet. Dort ist sein Hochgrab aus dem 14. Jahrhundert bis heute erhalten. 1189 wurde der beliebte Bischof heiliggesprochen.

Darstellung Otto wird als Bischof mit einem Kirchenmodell dargestellt.

Links: Hl. Otto von Bamberg, Ottokapelle, Kiefersfelden, Obb.

Rechts: Ehemaliges Benediktinerkloster St. Michael, Bamberg, Ofr.

THOMAS
PATRON DER BAULEUTE

Thomas ist Schutzpatron der Architekten, Maurer, Zimmerleute sowie der Bauarbeiter und gilt als Helfer für eine gute Heirat.

Thomas war bis zu seiner Berufung Fischer in Galiläa und zählte zum engsten Freundeskreis von Jesus. Als Jesus nach seiner Auferstehung seinen Jüngern erschien, war Thomas nicht anwesend. Trotz des Berichtes der Zwölf blieb er voller Zweifel (»der ungläubige Thomas«). Er wolle erst an die Auferstehung glauben, wenn er seine Finger in die Wundmale seines Herrn legen könne. Als Jesus einige Tage darauf den Jüngern wieder erschien, war er bei ihnen. Nun legte er das klarste Bekenntnis zum Auferstandenen ab: »Mein Herr und mein Gott!«

Nach dem Pfingstfest soll Thomas als Missionar in Syrien und Persien gewirkt haben, wo er nach der Legende mit den Heiligen Drei Königen zusammentraf. Danach soll er nach Indien weitergezogen sein, wo er in einem Vorort der heutigen Stadt Madras um das Jahr 72 den Tod durch das Schwert oder Lanzenstiche fand. Auf dem Thomasberg in Madras wurde 1547 eine Kirche errichtet. Angebliche Thomas-Reliquien gelangten im Mittelalter nach Edessa (heute Urfa) in der Türkei und Jahrhunderte später in den Abruzzenort Ortona.

Darstellung Bilder zeigen den »ungläubigen Thomas«, wie er die Wundmale des auferstandenen Christus berührt, daneben oft mit einer Lanze oder einem Schwert oder einem Winkelmaß (nach der Legende war er Baumeister).

Brauchtum Bis zur Reform des Namenstagkalenders im Jahr 1969 wurde das Namensfest von Thomas am 21. Dezember gefeiert. Mit diesem mittwinterlichen Datum waren früher einige Bräuche verbunden, die mit der Biografie des Heiligen in keiner Weise in Verbindung gebracht werden können. Die Thomasnacht, die längste Nacht des Jahres, zählte zu den zwölf Rauhnächten, in der der »bluadige Damerl«, eine Schreckgestalt, sein Unwesen trieb und die Menschen ängstigte. In der Oberpfalz fürchteten sich die Kinder vor dem »Thama mit'm Hama«, der in der Nacht durch die Straßen und Gassen zog und an Fenster und Türen pochte, ein Mittwinterbrauch, der in Vergessenheit geraten ist.

Hl. Thomas, Pfarrkirche Palagnedra, Centovalli/Tessin

Die Thomasnacht zur Wintersonnenwende galt früher als wichtige Losnacht, in der man etwas über die Zukunft glaubte erfahren zu können. So wollten z. B. die heiratswilligen Mädchen gerne wissen, ob sich im nächsten Jahr ein Hochzeiter einstellt. Zur Orakelbefragung dienten Pantoffel, die rückwärts über den Kopf geworfen wurden.

ULRICH
KÄMPFER GEGEN DIE UNGARN

Ulrich ist der Patron von Bistum und Stadt Augsburg sowie der Schutzheilige der Winzer, Fischer und Reisenden und wird bei Überschwemmungen sowie Mäuse- und Rattenplagen angerufen. Zur Erinnerung an den großen Heiligen wird in Augsburg alljährlich das Ulrichsfest gefeiert.

Hl. Ulrich und Kaiser Otto I. in der Schlacht auf dem Lechfeld, Fresko von Balthasar Riepp 1743, Pfarrkirche Seeg, Schw.

Ulrich, im Jahr 890 als Sohn einer Adelsfamilie in Augsburg geboren, kam mit zehn Jahren in das Benediktinerkloster St. Gallen in der Schweiz, wo er mit großer Strenge erzogen und unterrichtet wurde. Nach seinem Studium wurde er in Augsburg zum Priester geweiht, und als der Bischof starb, wählte ihn das Volk zu seinem Nachfolger.

Als Augsburger Bischof stand Ulrich treu zu König Otto I., der sich gegen viele Feinde wehren musste. Die größte Gefahr drohte von Osten: Die gefürchteten ungarischen Reiterscharen, die mit großer Grausamkeit Dörfer und Städte überfielen, mordeten, plünderten und Kirchen und Klöster niederbrannten. Sie versetzten die Menschen in Furcht und Schrecken. Am 10. August 955 kam es auf dem Lechfeld zur Entscheidungsschlacht gegen die Eindringlinge aus dem Osten.

Bischof Ulrich hielt sich in Augsburg auf und leitete selbst die Verteidigung der Stadt. Nach erbitterten Kämpfen gelang es Otto und seinen Kämpfern, das mächtige Heer der ungarischen Reiter zurückzudrängen. Der gefährliche Feind trat den Rückzug an. Die Ungarngefahr war endgültig gebannt.

Nach dem Ansturm der Ungarn half Bischof Ulrich tatkräftig mit, das zerstörte Land wieder aufzubauen. Unermüdlich reiste er umher, tröstete die Menschen in ihrer großen Not und Verzweiflung und half nach Kräften. In Augsburg gründete er ein Armenhaus, an vielen Orten baute er Klöster wieder auf. Daher war er überall hoch geschätzt und beliebt. Nach seinem Tod im Jahr 973 fand er in der Kirche St. Afra seine letzte Ruhestätte. Die Menschen verehrten ihn schon zu seinen Lebzeiten als Heiligen. 993 wurde er von Papst Johannes XV. heiliggesprochen. Es war dies die erste offizielle Heiligsprechung (Kanonisation) in der Kirchengeschichte überhaupt.

Mit dem Augsburger Bischof Ulrich verbindet sich eine Legende. Als er einmal mit seinem Freund, dem Bischof von Konstanz, an einem Donnerstagabend zusammentraf, zog sich die Unterredung bis zum Freitagmorgen hin. Überraschend überbrachte ihm am frühen Morgen ein Bote einen

Hl. Ulrich, Pfarrkirche, 1790, Marktoberdorf, Schw.

Ulrichsritt, Steingaden, Obb.

Ulrichsquelle Eresing, Obb.

Brief des Herzogs, wofür Ulrich sich mit einem übrig gebliebenen Stück Fleisch bei ihm bedanken wollte. Dabei vergaß er völlig, dass am Freitag Fleischspeisen untersagt waren. Der missgünstige Bote, der den Bischof einer Sünde überführen wollte, übergab dem Herzog das Stück Fleisch mit den Worten: »Bischof Ulrich isst am Freitag Fleisch!« Doch als er es auf den Tisch legte, lag vor ihm ein Fisch. Der Bote war zutiefst beschämt und Ulrich rehabilitiert.

Darstellung Ulrich wird meist als Bischof mit einer Bibel dargestellt, auf der ein Fisch liegt.

Brauchtum An einigen Orten gibt es Ulrichsbrunnen, z. B. im oberbayerischen Eresing bei Geltendorf, weil der Bischof mit seinem Bischofsstab zahlreiche Quellen geöffnet haben soll. Das Wasser aus den Ulrichsbrunnen soll gegen Augenkrankheiten helfen. Viele Menschen holen sich noch heute das heilkräftige Ulrichswasser nach Hause.

WILLIBALD
GLAUBENSBOTE IN EICHSTÄTT

Willibald ist Schutzpatron des Bistums Eichstätt.

Willibald wurde um 700 in Südengland geboren und kam als einer der ersten Glaubensboten in unsere Heimat. Er war der Bruder von Wunibald und Walburga sowie der Neffe von Bonifatius und erhielt eine klösterliche Ausbildung. Auf einer Reise nach Rom und ins Heilige Land kam er unter anderem sogar bis nach Konstantinopel.

Im Jahr 730 kehrte er nach Italien zurück und ließ sich als Mönch im Benediktinerkloster Montecassino nieder. Hier engagierte er sich beim Wiederaufbau des verwaisten und verfallenen Klosters. Doch schon bald erging der Ruf Papst Gregors III. an ihn: Er sollte Bonifatius bei seiner Missionsarbeit im Frankenreich unterstützen, eine schwierige Aufgabe angesichts der Streitigkeiten der bayerischen Herzöge mit dem Papst.

Im Jahre 740 erhielt Willibald in Eichstätt die Priesterweihe. Fünf Jahre später weihte Bonifatius seinen Neffen zum Bischof und setzte ihn zum Oberhirten von Eichstätt ein. Dort erbaute er den Dom und ein Kloster. Zusammen mit seinen Mönchen organisierte er die Mission im bayerischen, fränkischen und schwäbischen Raum. In Heidenheim (Mittelfranken) errichtete er mit seinem Bruder Wunibald ein Doppelkloster und setzte ihn als Abt und Walburga als Äbtissin ein. Nach insgesamt 47-jähriger erfolgreicher Bischofstätigkeit starb Willibald im Jahr 787. Seine Reliquien ruhen in einer Marmorurne auf dem Willibaldsaltar des Eichstätter Doms.

Hl. Willibald von Loy Hering, 1514, Dom, Eichstätt, Obb.

Darstellung Willibald wird auf Bildern dargestellt im bischöflichen Ornat mit offenem Buch und zwei Pfeilen in der Hand.

Brauchtum Ein Ort besonderer Volksfrömmigkeit und Verehrung des Heiligen ist das oberbayerische Dorf Jesenwang bei Fürstenfeldbruck. Dort findet alljährlich zu seinem Namensfest eine Pferdewallfahrt statt, die auf eine verheerende Viehseuche im Jahr 1712 zurückgeht. In ihrer Not verlobten sich die Bauern dem heiligen Willibald. Nach der Überlieferung fiel daraufhin kein einziges Pferd mehr der Krankheit zum Opfer. Der Willibaldsritt erfreut sich heute wieder großer Beliebtheit. Einmalig bei diesem Ritt ist das Durchreiten der kleinen Willibaldskirche, an der die vielen Pferde und Reiter von einem Priester hoch zu Ross gesegnet werden.

8. Juli

KILIAN
SCHUTZPATRON DER FRANKEN

Kilian ist Schutzpatron der Diözese Würzburg und wird in Mainfranken hoch verehrt. Er gilt als Helfer bei Augenkrankheiten, Gicht und Rheuma. Die Stadt Würzburg feiert ihren Stadtpatron alljährlich beim Kilianifest mit Gottesdiensten und einem großen Volksfest.

Links: Hl. Kilian unter der Festung Marienberg, Alte Mainbrücke, Würzburg, Ufr.

Rechts: Kiliansdom, Würzburg, Ufr.

Würzburg ist die Stadt des heiligen Kilian. Wer dort über die Alte Mainbrücke spaziert, begegnet ihm in einer überlebensgroßen Sandsteinplastik. Der mittelalterliche Kiliansdom bestimmt das Stadtbild, und bis heute pilgern Wallfahrergruppen in der Kilianiwoche zum Grab des Frankenapostels in der Neumünsterkirche.

Was wir über St. Kilian wissen, ist vielfach von Legenden überlagert. Er stammte aus Irland und gehörte zum Kreis der iro-schottischen Mönche, die im 7. Jahrhundert das Christentum nach Bayern brachten. Namentlich bekannt sind seine Gefährten Kolonat und Totnan, die ihn bei seiner Missionsarbeit unterstützt haben. Weil Kilian dem Herzog Gosbert Vorwürfe wegen seiner zweiten Ehefrau, die er seinem Bruder weggenommen hatte, machte, war sein Leben gefährdet, da seine Frau nun dem irischen Mönch nach dem Leben trachtete. Um das Jahr 689 wurde Kilian schließlich zusammen mit seinen Begleitern ermordet. 788 wurden seine Gebeine in Anwesenheit Karls des Großen in den als Grablege erbauten Würzburger Salvatordom, den Vorgängerbau der Neumünsterkirche, überführt.

Kilian wirkte in einer schwierigen Zeit sehr segensreich und legte den Grundstein für die Christianisierung Frankens. An zahlreichen Orten errichtete er ein

Heiliger Mann, Sankt Kilian

2. Der Papst hat dich mit Helfern ausgesandt,
Sankt Kilian!
bringst Gottes Wort ins Frankenland,
Sankt Kilian!

3. Du hast den Menschen ein Licht angezündt,
Sankt Kilian!
dass jeder Gnade findt,
Sankt Kilian!

4. Für deinen Glauben erlittest du den Tod,
Sankt Kilian!
bitt du für uns bei Gott,
Sankt Kilian!

5. In Würzburg ruht der heilige Mann,
Sankt Kilian!
du Schutzpatron im Frankenland,
Sankt Kilian!

Tradition: *Wallfahrtslied 17.-19. Jh., über 13 Strophen, Slg. Ditfurth 1855, Franken.*
Neufassung: *Text- und Melodieneugestaltung, Singform EBES/VMA 1990.*

Kreuz, das Zeichen der christlichen Botschaft, so auch nach der Legende auf dem 927 Meter hohen Kreuzberg in der Rhön. Heute befinden sich dort nahe der Wallfahrtskirche drei Kreuze, zu denen bis heute viele Wallfahrer ziehen. Ein großes Ereignis ist alljährlich die Würzburger Kreuzbergwallfahrt vom 20. bis 24. August.

Darstellung Kilian wird oft zusammen mit seinen Gefährten Kolonat und Totnan als Bischof mit Stab und Buch, Palme und Schwert dargestellt.

St. Kilian, der heilige Mann, stellt die ersten Schnitter an.

Die Frankenheiligen Kilian, Totnan und Kolonat, (Kopien der im Krieg zerstörten Holzplastiken von T. Riemenschneider), Neumunsterkirche Würzburg, Ufr.

BENEDIKT

VATER DES ABENDLÄNDISCHEN MÖNCHTUMS

Benedikt ist Schutzpatron des Abendlandes und Europas sowie der Lehrer, Schüler und Sterbenden.

Leben und Wirken des heiligen Benedikt fallen in die Umbruchszeit nach der Völkerwanderung, als ganz Europa in Trümmern lag. Er stammte aus Nurcia, dem heutigen Norcia, in den Bergen von Umbrien, wo er 480 geboren wurde. Seine vornehmen Eltern schickten ihn zum Studium nach Rom, das er aber bald abbrach. Er wollte sich lieber als Mönch in die Einsamkeit einer Höhle bei Subiaco zurückziehen. Doch schon bald wählten ihn Eremiten aus einem nahe gelegenen Kloster zu ihrem Vorsteher. Als er dort jedoch das Gemeinschaftsleben reformieren wollte, verübten missgünstige Mitbrüder einen Giftanschlag auf ihn. Deshalb zog er sich wieder in eine Höhle bei Subiaco zurück, wo seine Nahrung aus Brot, Käse, Beeren und Kräutern bestand.

Bald schlossen sich Einsiedler aus der Umgebung dem begabten Mönch an. Im Jahr 529 verließ er mit vielen Mitbrüdern Subiaco und gründete in Cassino in der

Hl. Benedikt, Glasfenster, 16. Jh., Kreuzgang, ehem. Benediktinerkloster Muri, Ktn. Aargau/Schweiz

Hl. Benedikt vernichtet Apolloheiligtum und baut Monte Cassino, Fresko von Cosmas Damian Asam, 1717, Klosterkirche Weingarten, Baden-Württemberg

Benediktinerabtei Weltenburg a. d. Donau, Ndb.

Nähe von Rom das Kloster Montecassino. Hier verfasste er auch seine Ordensregel, die zur Grundlage aller Benediktinerklöster und des gesamten abendländischen Mönchtums wurde. Im Zentrum der bis heute gültigen Regel steht das Gebot: »Ora et labora.« (Bete und arbeite.) Benedikt starb um das Jahr 547, nach neuesten Forschungen um 560, in Montecassino. Hier wurde er neben seiner Schwester Scholastika bestattet. Sein Namensfest wurde bis zur letzten Reform des Namenstagkalenders am 21. März, seinem Todestag, gefeiert.

Im Mittelpunkt von Benedikts Regeln steht das Leben in der klösterlichen Gemeinschaft, geprägt von körperlicher Arbeit, Nächstenliebe und Frömmigkeit. Sein Wirken fand eine Weiterführung in der Gründung von vielen Klöstern in Europa, im bayerischen Raum in Benediktbeuern und Metten. Die beiden Klöster wurden zu Keimzellen zahlreicher Benediktinerklöster im altbayerischen, schwäbischen und fränkischen Raum, z. B. in Tegernsee, Andechs und Weltenburg. Sie schufen die Grundlagen unserer abendländisch-christlichen Kultur. Bayern wurde durch diese Klöster zu einer »terra benedictina«, zu einem gesegneten Land.

Hl. Benedikt von Nursia, Statue auf dem Stadtplatz, Norcia, Umbrien

Darstellung Abbildungen in Kirchen zeigen Benedikt als Abt in der schwarzen Mönchskutte, oft einen Becher mit einer Schlange haltend – ein Hinweis auf den Giftanschlag auf ihn.

HEINRICH
MÄCHTIGER UND FROMMER KAISER

Heinrich ist der Schutzpatron des Erzbistums Bamberg.

Heinrich II. – die Kirche verehrt ihn seit dem 12. Jahrhundert als großen Heiligen, den mächtigen König und Kaiser an der Zeitenwende. Er wurde 973 in Hildesheim als Sohn des bayerischen Herzogs Ludwig des Zänkers geboren und meldete nach dem frühen Tod des 21-jährigen Kaisers Otto III. selbstbewusst seinen Anspruch auf den Thron an, den er mit seiner Verwandtschaft mit dem sächsischen Königshaus begründete. Viele Reichsfürsten wollten die Machtgelüste des Bayern allerdings nicht akzeptieren.

Hl. Heinrich, von J. B. Straub, 1763, ehemalige Klosterkirche Polling, Obb.

Mit einem geschickten Schachzug verschaffte sich Heinrich die noch fehlende Legitimation: Er ritt dem Leichenzug seines Vorgängers Kaiser Otto III., der in Italien plötzlich verstorben war, bis nach Polling in Oberbayern entgegen. Beim Einzug in die Stadt trug er demonstrativ den Sarg auf den Schultern und erzwang die Herausgabe der Reichsinsignien, vor allem der Heiligen Lanze, Zeichen der kaiserlichen Würde. 1002 ließ sich Heinrich in Mainz von Erzbischof Willigis zum König krönen und kam damit der Wahl der Reichsfürsten zuvor. Geschickt setzte er sich nun gegen seine Gegner in Schwaben und Thüringen durch.

Die Unterstützung für seine Herrscheransprüche fand Heinrich in der Kirche. Deshalb beanspruchte er auch das Recht, in die Führung der Kirche einzugreifen und wichtige Bischofssitze zu besetzen. Für ihn gab es keinen Unterschied zwischen kirchlicher und weltlicher Machtausübung. In seiner Königsherrschaft sah er die Erfüllung von Gottes Willen.

Zur Verwirklichung seiner Herrscheridee und zur Stabilisierung seines Reiches gründete Heinrich 1007 das Bistum Bamberg, das der Ausgangspunkt für die Slawenmission sein sollte. Unterstützt wurde er dabei von seiner frommen Gattin Kunigunde. Die Ehe von Heinrich und Kunigunde, die 1014 in der Peterskirche in Rom vom Papst zu Kaiser und Kaiserin gekrönt wurden, war kinderlos. Heinrich starb am 13. Juli 1024 in der Pfalz Grona bei Göttingen und wurde wie seine Gattin im Bamberger Dom bestattet. Der bedeutende Bildhauer Tilman Riemenschneider schuf 1499 ein riesiges Grabmal aus Marmor für das Kaiserpaar.

Darstellung Abbildungen zeigen Heinrich als Herrscher in prächtigem Gewand, oft ein Kirchenmodell haltend.

IRMENGARD

ÄBTISSIN VON FRAUENCHIEMSEE

Die Fraueninsel im Chiemsee ist nicht nur einer der beliebtesten bayerischen Fremdenverkehrsorte, sondern seit 1200 Jahren auch ein geistiges Zentrum Bayerns. Mit der idyllisch gelegenen Insel vor den Chiemgauer Bergen ist aufs Engste das vom Agilolfinger Herzog Tassilo III. um 700 gegründete Kloster Frauenwörth verbunden, das nach seinem Sturz im Jahre 788 in den Machtbereich der Karolinger überging.

Aus diesem Geschlecht stammte Irmengard oder Irmingard, die älteste Tochter König Ludwigs des Deutschen und Urenkelin Karls des Großen. Irmengard wurde um 832 in Regensburg geboren. Ihre tieffromme Mutter, Königin Hemma, ließ sie hier im Stift Obermünster und im Frauenkloster Buchau am Federsee in Schwaben erziehen, wo sie später Äbtissin wurde. Geprägt von der benediktinischen Ordenstradition, übernahm sie mit 25 Jahren die Leitung des Klosters auf der Fraueninsel, dem sie sechs Jahre als Äbtissin vorstand. Mit erst 34 Jahren starb Irmengard am 16. Juli 866. Ihre Gebeine ruhten über Jahrhunderte in einem Bleisarg unter dem Pfeiler der Westempore in der Klosterkirche, seit 1929 liegen sie in einem Schrein aus Kristallglas unter der Altarmensa in der Irmengardkapelle des Münsters. Jüngste Untersuchungen haben die Echtheit der Reliquien bestätigt.

Irmengards Grab wurde schon bald ein Ort großer Verehrung. Die Torhalle der einstigen Klosteranlage mit der Michaelskapelle sowie die romanische Klosterkirche, die auf karolingischen Grundmauern ruht, erinnern noch an die Frühzeit des Inselklosters und Irmengards Wirken. Durch eine Initiative des Münchner Kardinals Michael von Faulhaber wurde Irmengard 1928 seliggesprochen.

Darstellung Abbildungen zeigen Irmengard als Äbtissin mit einer Krone.

Irmengard ist die Schutzpatronin des Chiemgaus. Alljährlich besuchen viele Gläubige und Touristen ihr Grab auf der Fraueninsel. Ihr Namenstag wird dort alljährlich mit einem großen Fest gefeiert.

Links: Benediktinerinnenkloster Fraueninsel im Chiemsee, Obb.

Rechts: Sel. Irmengard, Votivbild, Wolfsberg bei Breitbrunn am Chiemsee, Obb.

20. Juli

MARGARETA

NOTHELFERIN MIT DEM WURM

Margareta ist die Schutzpatronin der Bauern und Hirten, ebenso der Frauen, die sie in Geburtsnöten und bei Unfruchtbarkeit anriefen. In Deutschland, England, Italien, Frankreich und Spanien benannte man viele Orte nach ihr und dachte ihr Schutzpatronate zu. Ihr Kult verbreitete sich vor allem durch die Kreuzzüge im 12. Jahrhundert vom Orient bis ins Abendland.

Hl. Margareta, von J. G. Üblher, 1767, Gnadenaltar, Wallfahrtskirche Vierzehnheiligen, Ofr.

Obwohl über das Leben der Margareta keine historischen Belege vorhanden sind, zählt sie zu den beliebtesten Heiligen im Jahreslauf. Nach der Legende war sie die Tochter eines heidnischen Priesters in Antiochien in der heutigen Türkei. Wegen ihrer Schönheit machte ihr der römische Stadtpräfekt einen Heiratsantrag, den sie aber ablehnte. Da sie Christin geworden war, verstieß sie ihr Vater. Der Stadtpräfekt ließ sie in den Kerker werfen und grausam foltern. Hier wurde sie von einem Drachen, dem Symbol des Bösen, bedrängt. Margareta blieb standhaft und konnte den Teufel mit dem Zeichen des Kreuzes besiegen. Um das Jahr 305 wurde sie wegen ihres Bekenntnisses zum christlichen Glauben zum Tode durch Enthaupten verurteilt.

Nach altem Volksglauben ist der Margaretentag ein wichtiger Lostag für die weitere Witterung und die Ernte.

Regen am Margaretentag wohl viele Wochen dauern mag.

Bringt Margarete Regen statt Sonnenschein, kommt die Ernte schlecht herein.

Margareta zählt zum Kreis der vierzehn Nothelfer. Zu Zentren der Margaretenverehrung wurde neben der großen Nothelferkirche in Vierzehnheiligen im oberen Maintal der kleine Ort Margaretenberg an der Alz im Landkreis Altötting. Durch die dortige Kirche, die seit dem 17. Jahrhundert von Zisterziensermönchen aus dem nahen Raitenhaslach betreut wurde, entstand die »Bruderschaft der hl. 14 Nothelfer«, die zur Belebung der Wallfahrt beitrug. In den Mirakelbüchern ist die große Anzahl von Frauen besonders auffällig, die Margareta in ihrer Not um Hilfe anflehten. Viele Wallfahrer verlobten sich nach Margaretenberg und versprachen Kerzen und andere Opfergaben.

Darstellung Auf Bildern sind Margareta ein Drache (»Wurm«) als Symbol des Teufels sowie Kreuzstab und Königskrone als Attribute beigegeben.

Martyrium der hl. Margareta, Glasfenster, ehemaliges Kollegiatsstift Ardagger, Niederösterreich

Margareta erfreute sich zusammen mit Barbara und Katharina stets großer Beliebtheit. Im Volksmund hieß es:

***»Margarete mit dem Wurm,
Barbara mit dem Turm,
Kathl mit 'm zerbrochenen Radl, das sind die drei heiligen Madl.«***

St. Margarethen mit Kirche St. Margareth, 15. Jh., Brannenburg, Obb.

BIRGITTA

ORDENSGRÜNDERIN AUS SCHWEDEN

Birgitta wird als Schutzpatronin der Pilger und seit 1999 als Patronin Europas verehrt. Sie ist außerdem Schutzheilige ihres Klosters im schwedischen Vadstena und des Birgittenordens, der in dem kleinen oberbayerischen Ort Altomünster sein einziges Kloster in Deutschland unterhält. Die Heilige gilt auch als Helferin für einen guten Tod.

Birgitta wurde um 1300 in Schweden geboren. Das adlige Mädchen heiratete mit 14 Jahren den Adligen Ulf Gudmarsson, von dem sie acht Kinder bekam. Wegen ihrer Frömmigkeit und Güte genoss Birgitta bei den Menschen großes Ansehen. Nach einer gemeinsamen Reise zum Grab des heiligen Jakobus nach Santiago de Compostela zog sich ihr Ehemann in ein Zisterzienserkloster zurück, wo er schon bald starb. Danach ließ sich Birgitta in Alvastra nieder und führte ein Leben als Mystikerin.

Von Kindheit an hatte Birgitta Offenbarungen, die sie mit ihren Beichtvätern niederschrieb. Ohne selbst Nonne zu sein, gründete sie 1346 in Vadstena den Birgittenorden, auch »Erlöserorden« genannt. Um die päpstliche Anerkennung ihres Ordens zu erlangen, begab sie sich mit ihrer Tochter Katharina nach Rom, wo die dortigen skandalösen Verhältnisse sie schockierten. Die Päpste hatten die Ewige Stadt verlassen und gaben sich in Avignon dem Wohlleben hin. Birgitta bemühte sich leidenschaftlich um die Reform der Kirche und, leider vergeblich, um die Rückkehr des Papstes aus Avignon.

Hl. Birgitta, Martinskapelle Bürgstatt, Ufr.

In ihrem letzten Lebensjahr machte Birgitta noch eine Wallfahrt ins Heilige Land, bevor sie am 23. Juli 1373 in Rom starb. In einem Triumphzug wurde ihr Leichnam nach Schweden überführt und in ihrem Kloster in Vadstena bestattet. Ihre Tochter Katharina setzte das Werk der Mutter fort und wurde die erste Äbtissin des 1370 päpstlich bestätigten Birgittenordens. Bereits 1391 wurde Birgitta heiliggesprochen. Birgitta war eine herausragende Gestalt in ihrer schwedischen Heimat und darüber hinaus in ganz Europa.

Darstellung Bilder zeigen Birgitta im Pilgergewand mit Pilgerstab und Pilgerflasche oder als Nonne.

CHRISTOPHORUS
BESCHÜTZER DER REISENDEN

Christophorus zählt zu den volkstümlichsten Heiligen des Morgen- und Abendlandes, obwohl seine historische Existenz nicht gesichert ist. Belegt dagegen ist, dass ihm bereits im Jahre 452 in Chalkedon (gegenüber Istanbul, heute Kadiköy) eine Kirche geweiht wurde. Man nimmt an, dass Christophorus um das Jahr 250 in Lykien (Kleinasien) den Märtyrertod starb, weil er sich einer Christengemeinde angeschlossen hatte.

Um sein Leben und Wirken bildeten sich schon kurz nach seinem Tod viele Legenden. So soll er von riesiger Gestalt gewesen sein, Reprobus geheißen und alle an Größe und Kraft übertroffen haben. Deshalb wollte er nur dem mächtigsten Herrn der Welt dienen. Zuerst bot er seine Dienste einem König und dann sogar dem Teufel an. Doch dieser scheute, als er an eine Weggabelung kam, vor dem Wegkreuz zurück. Auf Reprobus' Frage hin bekannte der Teufel: »Ich habe Angst vor Jesus Christus, der am Kreuz gestorben ist.« Nun machte sich der Riese auf die Suche nach dem höchsten Herrn. Ein Einsiedler zeigte ihm einen reißenden Fluss und riet ihm, die Reisenden auf seinen starken Schultern ans andere

Christophorus ist der Schutzpatron der Bergleute, Brückenbauer, Schiffer und Fuhrleute. Wie in früheren Zeiten ist Christophorus der Beschützer der Reisenden. Auto- und Motorradfahrer stellen sich heute mit einer Christophorus-Plakette an ihren Fahrzeugen unter seinen Schutz. Vor den Gefahren des Verkehrs sollen auch Fahrzeugsegnungen schützen, die an vielen Orten stattfinden. Daneben ist Christophorus der Patron der Gärtner und Obsthändler.
Im Mittelalter war er der große Pestpatron. Man war auch überzeugt, dass der tägliche Anblick eines Bildes des Heiligen einem jähen Tod vorbeugen könnte. Deshalb entstanden in Kirchen und Kapellen, an Hausfassaden und Türmen riesige Christophorus-Darstellungen.

Hl. Christophorus, Fresko, Pfarrkirche Pöggstall, Niederösterreich

Tradition: *Melodie Slg. Gabler 1890, Waldviertel/NÖ 19. Jh.*
Neufassung: *Neuer Text und Melodieangleichung EBES/VMA 1990.*

Christophorus zu Ehren

2. Du trugst den Schöpfer dieser Welt,
bist durch den Fluss geschritten.
Für deinen Glauben, deinen Gott,
hast du den Tod erlitten.
Dein Vorbild macht im Glauben stark,
bitt du bei Gottes Sohn.
O heiliger Christophorus,
sei unser Schutzpatron!

3. Dein Leben war ein Wanderschaft,
ließ dich die Welt durchschreiten.
Auf unsren Reisen durch die Welt
mögst hilfreich uns begleiten.
Steh bei uns auf der letzten Reis',
führ uns zu Gottes Sohn.
O heiliger Christophorus,
sei unser Schutzpatron!

Ufer zu tragen. Eines Tages hörte Reprobus am Wasser ein Kind rufen, das er sogleich auf seine starken Schultern nahm und durch die Wellen trug. Als das Wasser immer höher stieg und die Last immer schwerer wurde, rief er: »Kind, du bist so schwer, als hätte ich die ganze Welt auf meinem Rücken!« Da antwortete das Kind: »Du trägst nicht nur die ganze Welt, sondern auch den, der sie geschaffen hat. Künftig sollst du nicht mehr Reprobus, sondern Christophorus, Christusträger, heißen.«

Trotz fehlender historischer Belege erfreut sich der Heilige bis heute größter Beliebtheit. So gibt es in Europa über 3000 Orte, an denen er verehrt wird. Sein Kult breitete sich von der Ostkirche in die abendländische Kirche aus. Der starke Mann mit dem Jesuskind auf dem Arm faszinierte zu allen Zeiten die Menschen, die in ihm einen starken Helfer bei allerlei Gefahren und Notlagen sahen.

Wenn Christoph kommt heran,
man den Roggen schneiden kann.

Darstellung Christophorus wird dargestellt als Riese mit einem großen Baum in der Hand, denn nach der Legende steckte er seinen Pilgerstab in die Erde, der ergrünte und zu einem großen Baum wuchs. Am bekanntesten sind Darstellungen mit dem Jesuskind, das er durch einen Fluss trägt.

Reisesegen

Lieber Christophorus,
begleite mich auf meiner Fahrt,
die ich jetzt antrete.
Bewahre mich vor Gefahren des Verkehrs
und schütze mich vor allem Schaden.
Sei du bei mir auf meiner Reise
und lass mich wieder gut heimkommen.

Links: Hl. Christophorus, um 1390, Schottenkirche Regensburg

Rechtss: Hl. Christophorus, Echelsbacher Brücke bei Oberammergau, Obb.

JAKOBUS
APOSTEL UND MAURENTÖTER

Jakobus ist der Schutzpatron der Pilger, Apotheker, Arbeiter, Schiffer, Hutmacher und Wachszieher.

Jakobus der Ältere war der Sohn des Fischers Zebedäus vom See Genezareth. Mit seinem jüngeren Bruder, dem Apostel Johannes, wurde Jakobus von Jesus berufen. Wegen ihres großen Eifers und stürmischen Temperaments nannte Jesus die beiden Brüder »Donnersöhne«, die zusammen mit Petrus seine engsten Vertrauten waren. Jakobus war Augenzeuge der Verklärung Jesu auf einem Berg und begleitete ihn vor seinem Tod zum Ölberg.

Jakobus starb als Erster der zwölf Apostel um 44 den Märtyrertod durch das Schwert. Vermutlich wurden seine Gebeine zunächst in Jerusalem bestattet, später brachte man sie zum Berg Sinai, wo das Jakobuskloster, das heutige Katharinenkloster, errichtet wurde. Im 8. Jahrhundert retteten Mönche die Gebeine vor den Mauren nach Spanien in die heutige Stadt Santiago de Compostela.

Nach der Legende war das Apostelgrab in Vergessenheit geraten, bis um das Jahr 825 ein Eremit einen hellen Stern wahrnahm, der ihm den Weg zu den Gebeinen des Heiligen wies. Den Fundort nannte man »campus stellae«, Sternenfeld. Daraus entwickelte sich der heutige Name der Pilgerstadt Santiago (St. Jakob) de Compostela. Nach einer anderen Legende legten die Jünger Jesu den Leichnam des Jakobus in ein steuerloses Boot, das ihn – von Engeln geführt – nach Nordspanien brachte.

Kathedrale, Santiago de Compostela, Spanien

In der langen Zeit der Besetzung der iberischen Halbinsel durch die Mauren sah man in Jakobus den mächtigen Helfer gegen den feindlichen Islam. Nach der

Legende griff Jakobus 843 hoch zu Ross mit Banner und Schwert als »Matamaros« (Maurentöter) in den Kampf ein und verhalf den Christen in der Schlacht von Clavijo zum Sieg.

Fortan verehrte man Jakobus als den mächtigen »Herrn Spaniens«. Im 11. und 12. Jahrhundert entstand über dem Jakobus-Grab die heutige Kathedrale, gefördert von Pilgern aus Frankreich und Deutschland, aber auch aus Polen, Skandinavien, England und Italien. Im 15. Jahrhundert zogen mehr Pilger zum Jakobus-Grab als nach Jerusalem und Rom. Der bislang unbekannte Ort in Galizien war zum größten Wallfahrtsort der Christenheit geworden. Im 16. Jahrhundert kam es vor allem durch die Reformation zu einem deutlichen Rückgang der mittelalterlichen Pilgerfreudigkeit.

Links: Jakobsbrunnen von W. Wright, 2003, Unterpfaffenhofen/Stadt Germering, Obb.

Rechts: Enthauptung des hl. Jakobus, Pfarrkirche St. Jakob, Schalchen, Oberösterreich

Darstellung Bilder zeigen Jakobus als Pilger mit der Pilgermuschel am Hut oder auf der Brust, mit langem Pilgerstab und Reisetasche oder als Ritter, auf einem weißen Pferd reitend.

Jakobsweg Wie im Mittelalter begeben sich nach einer mehrhundertjährigen Unterbrechung heute wieder Tausende von Pilgern auf den historischen Jakobsweg nach Santiago de Compostela. Zu Fuß, mit dem Rad oder Auto folgen sie den Spuren der mittelalterlichen Jakobspilger quer durch Spanien. In den 80er-Jahren des letzten Jahrhunderts kam es zu einer Wiederentdeckung der Jakobswallfahrt und der einstigen Pilgerwege. Das Zeichen der Pilger ist wie vor Jahrhunderten die umgehängte Jakobsmuschel.

Ist es hell auf Jakobstag,
viel Früchte man sich versprechen mag.

Wenn es an Jakob regnet,
ist der Wein nicht sehr gesegnet.

Im Bauernjahr ist der Jakobustag ein wichtiger Termin, denn Ende Juli beginnt die Getreideernte. Deshalb wählte man den Pilgerheiligen mit Muschel, breitem Hut und Wanderstab zum Kornpatron.

ANNA
PATRONIN DER MÜTTER

Die große Beliebtheit der biblischen Heiligen zeigt die Vielzahl der Patronate, die ihr übertragen wurden. So ist sie die Patronin der Mütter, Hausfrauen und Witwen sowie der Bergleute und gilt als Fürsprecherin für eine glückliche Heirat und für Kindersegen. Daneben ist sie Helferin gegen Gewitter. Zahllose Kirchen, Kapellen, Klöster sowie Berge und Brunnen tragen Annas Namen.

Die heilige Anna erfreut sich bis heute beim christlichen Volk großer Beliebtheit als Namenspatronin, obwohl sie in den Texten des Neuen Testaments nicht erwähnt wird. Nach den apokryphen Kindheitsgeschichten des 2. Jahrhunderts war sie die Mutter von Maria und damit Großmutter von Jesus. Ihre legendäre Lebensgeschichte ist dem alttestamentlichen Vorbild von Hannah und ihrem Sohn Samuel nachgestaltet. Erst nach langjähriger Ehe mit Joachim wurde sie die Mutter von Maria, der Gottesmutter, so wie es ein Engel vorhergesagt hatte. Nach der Legenda aurea hatte sie nach Joachims Tod noch zwei weitere Ehemänner namens Kleophas und Salomas und hatte mit jedem von ihnen eine Tochter namens Maria.

Eine Verehrung von Anna ist in der Ostkirche bereits im 6. Jahrhundert nachweisbar. Im Jahr 550 wurde ihr zu Ehren in Konstantinopel eine Kirche errichtet. Als im Mittelalter durch die Kreuzzüge Annareliquien in den Westen gelangten, kam es auch im Abendland zu einem Annakult. Wesentlich trug dazu ab dem 12. Jahrhundert die abendländische Kunst mit Anna-Skulpturen in den Kathedralen von Chartres und Paris bei.

Im Mittelalter entwickelte sich das Andachtsbild der »Anna selbdritt«. Es war dies ein besonderer Bildttyp, der die Mutter Anna mit ihrer Tochter Maria und

Heilige Sippe mit Jesus, Maria, Anna und Joachim, Altarbild von Jan Pollack, 1490, Schlosskapelle Blutenburg, München

dem Jesusknaben zeigte, in dem vor allem Annas Mütterlichkeit zum Ausdruck kam. Diese Darstellungsform erlebte im 15. und 16. Jahrhundert ihre Blütezeit. Berühmt sind die Gemälde von Leonardo da Vinci (1510) und Albrecht Dürer (1519). In Bildwerken der Volkskunst war ein beliebtes Motiv, wie Anna ihrer Tochter Maria das Lesen lehrt.

Links: Wallfahrtskirche St. Anna, Annaberg, Sulzbach-Rosenberg, Opf.

Rechts: Anna Selbdritt, 1515, St. Florian bei Frasdorf, Obb.

Darstellung Anna wird als ältere Frau dargestellt, meist in der Figurengruppe der »Anna selbdritt« mit Maria und dem Jesusknaben. Die mütterliche Figur der heiligen Anna steht dabei im Mittelpunkt. Daneben gibt es auch Bilder der »Heiligen Sippe«, die nach der »Legenda aurea« aus Anna, ihren drei Gatten, ihren Töchtern und Enkeln besteht.

Brauchtum An vielen Orten wird das Annafest mit festlichen Gottesdiensten gefeiert, z. B. in der Wallfahrtskirche auf dem Annaberg in Sulzbach-Rosenberg in der Oberpfalz. Hier, im ehemaligen Bergbauzentrum, wurde früher St. Anna als Schutzpatronin des Bergbaues eine große Verehrung zuteil. Orte der Volksfrömmigkeit sind der Annaberg in Sachsen sowie in Schlesien. Die aus ihrer Heimat vertriebenen Schlesier feiern seit Kriegsende auf dem Annaberg in Haltern im Ruhrgebiet das Namensfest der beliebten Heiligen.

Zur breiten Verehrung der Heiligen trugen im Mittelalter besonders Annen-Bruderschaften bei, die Kapellen und Altäre stifteten, zu denen Wallfahrten entstanden. Im Jahr 1500 gelangte die Kopf-Reliquie in die St-Anna-Kirche in Düren (Nordrhein-Westfalen).

St. Anna klar und rein, wird bald das Korn geborgen sein.

Anna warm und trocken macht den Bauern frohlocken.

Ist St. Anna erst vorbei, kommt der Morgen kühl herbei.

IGNATIUS VON LOYOLA
SPANISCHER ORDENSGENERAL

Ignatius ist Schutzpatron des Jesuitenordens und der Soldaten, der Schwangeren und Kinder und gilt als Helfer bei Viehkrankheiten und gegen die Pest.

Ignatius ist eine bedeutende Gestalt der Kirchengeschichte. Er wurde 1491 auf Schloss Loyola im spanischen Baskenland als dreizehntes Kind einer Adelsfamilie geboren und am Hof der Königin Isabella von Kastilien zum Soldaten erzogen. Aufgrund seiner Intelligenz und seines Ehrgeizes wurde er schon bald Hauptmann im königlichen Heer. Ihm stand eine blendende Karriere bevor. Als er jedoch zur Verteidigung der Stadt Pamplona gegen die Franzosen eingesetzt wurde, zog er sich eine schwere Beinverletzung zu, die zu einer Wende in seinem Leben führte.

Nach der Genesung ging er zum Kloster Montserrat und legte dort eine Lebensbeichte ab. Dann lebte er eine Zeit lang in einer Höhle bei Manresa. Nach einer Wallfahrt ins Heilige Land begann er mit 32 Jahren das Theologiestudium. In Paris schlossen sich ihm sechs junge Männer an, unter ihnen Franz Xaver. Mit ihnen gründete er die »Societas Jesu« (Gesellschaft Jesu, SJ). Mit seinem Orden wollte er gegen die Ausbreitung der Reformation und für notwendige Reformen in der katholischen Kirche kämpfen. Um seine Ziele verwirklichen zu können, errichteten die Jesuiten ordenseigene Schulen und Universitäten, die sehr angesehen waren. Ignatius starb im Jahr 1556 in Rom, sein Grab befindet sich in der nach seinem Tod erbauten römischen Jesuitenkirche »Il Gesù«.

Dem neuen Orden des Ignatius von Loyola schlossen sich bald viele junge Männer in ganz Europa an, die sich Jesuiten nannten. In Indien, Japan, China, Afrika, Südamerika und Kanada gründeten sie Missionsstationen, in Europa förderten sie nach dem Konzil von Trient (1545–1563) die barocke Kultur und Frömmigkeit. 1559 kamen die ersten Jesuiten nach München, um im Auftrag von Herzog Albrecht V. von Bayern ein Kolleg zu eröffnen, dem Häuser in Ingolstadt und Dillingen folgten. Die Jesuiten leisteten einen wichtigen Beitrag für die Volksbildung in Bayern, z. B. durch die Förderung von Dichtung, Musik und Theater. Bis heute zählen sie zu den bedeutendsten Orden der katholischen Kirche. Ignatius hat seine geistlichen Erfahrungen in einem »Exerzitienbüchlein« (Geistliche Übungen) niedergeschrieben.

München Jesuitenkolleg mit Kirche St. Michael von M. Merian, um 1650

Darstellung Ignatius von Loyola wird meist im Messornat oder Jesuitenkleid dargestellt.

AFRA
MÄRTYRERIN IN AUGSBURG

Die alte Reichsstadt Augsburg ist nicht nur die Stadt des heiligen Ulrich, sondern auch der heiligen Afra. Ihre Gebeine ruhen in der katholischen Pfarrkirche, die beiden Heiligen geweiht ist. So gut wir über Ulrich und sein Wirken informiert sind, so wenig wissen wir über Afra, die Heilige aus frühchristlicher Zeit. Archäologische Untersuchungen unter der Basilika unter dre Doppelkirche lassen vermuten, dass das Grab Afras ursprünglich innerhalb eines spätrömischen Gräberfeldes etwas außerhalb der Provinzhauptstadt Augusta Vindelicorum lag. Der Name Afra lässt auf eine mögliche Herkunft aus Afrika schließen.

Afra ist Schutzpatronin des Bistums Augsburg, der Büßerinnen und Armen Seelen und wird als Helferin bei Feuersnot angerufen.

An St. Afra Regen kommt dem Bauern ungelegen.

Die fehlenden historischen Belege über das Leben der unbekannten Heiligen trugen zur Bildung vieler Legenden bei. So soll sie die Tochter des Königs von Zypern gewesen und nach der Ermordung ihres Vaters im späten 3. Jahrhundert mit ihrer Mutter Hilaria über Rom nach Augsburg gekommen sein. In der auch dort einsetzenden Christenverfolgung wurde das junge Mädchen verhaftet und vor Gericht gestellt. Da sie sich weigerte, den römischen Göttern zu opfern, band man sie auf einer Insel im Lech an einen Baum. Um 304 wurde sie enthauptet und, nach einer anderen Legende, auf dem Lechfeld verbrannt. Ein ähnliches Schicksal traf auch ihre Mutter und ihre Gefährtinnen: Sie wurden in eine Hütte gesperrt und den Flammen übergeben.

Obwohl die historische Existenz der Heiligen viele Fragen offen lässt, entwickelte sich schon bald ein Kult, der bis ins 6., vielleicht sogar 4. Jahrhundert zurückreicht. Im Jahr 1064 wurde Afra heiliggesprochen, wozu sicher auch beitrug, dass man im selben Jahr in Augsburg einen spätrömischen Sarkophag mit angekohlten Gebeinen entdeckte. Dieser Sarkophag steht heute in der Krypta unter der Basilika St. Ulrich und Afra.

Darstellung Die Heilige wird meist in vornehmer Kleidung mit Märtyrerpalme und Krone, oft an einen Baum gebunden oder von Flammen umzüngelt, dargestellt. Attribute sind Baum und Feuer, manchmal auch Pinienzapfen.

Hl. Afra von J. E. Stiefenhofer, 1873, Pfarrkirche St. Ulrich und Afra, Augsburg

DOMINIKUS
GROSSER PREDIGER

Dominikus ist der Schutzpatron des Dominikanerordens und der Städte Bologna und Cordoba.

Links: Übergabe des Rosenkranzes an den hl. Dominikus, Benediktinerabtei Lambach, Oberösterreich

Rechts: Hl. Dominikus, Standbild, Bologna, Emilia Romana/Italien

Dominikus wurde um 1170 in Caleruega bei Burgos in Spanien als Sohn einer Adelsfamilie geboren. Nach dem Studium der Theologie empfing er die Priesterweihe und wurde mit 25 Jahren Mitglied des Domkapitels von Osma. Auf einer Reise durch Südfrankreich erkannte er, wie gefährdet der christliche Glaube durch die Albigenser und Waldenser war. Um deren Irrlehren zu bekämpfen, zog er als leidenschaftlicher Wanderprediger durchs Land. Mit Mitbrüdern schloss er sich zu einer Gemeinschaft von Predigern zusammen, um das Volk wieder zum wahren Glauben zurückzuführen. 1215 gründete er den Prediger- und Bettlerorden der Dominikaner (Ordo fratrum Praedicatorum, OP), dem er die Regel des heiligen Augustinus gab.

Ein besonderes Privileg war es für Dominikus, dass der Papst ihm und seinem Orden das Recht zu predigen erteilte, was bislang Bischöfen und ihren Beauftragten vorbehalten war. Die neue Ordensgemeinschaft wurde direkt dem Papst unterstellt. Auf päpstlichen Auftrag hin gründete Dominikus auch eine Frauengemein-

Hund mit Fackel der Beredsamkeit, die die Welt entzündet, aus dem Bild Rosenkranzübergabe an den hl. Dominikus und die hl. Katharina, Fresko von M. Günther, 1761, Pfarrkirche Oberammergau, Obb.

schaft, den Orden der Dominikanerinnen. Da die Pflege der Wissenschaften ein Schwerpunkt des Ordens war, schickte Dominikus begabte Mitbrüder zum Studium an die Universitäten in Paris und Bologna. So gingen aus dem Dominikanerorden bedeutende Wissenschaftler hervor, z. B. Albertus Magnus und Thomas von Aquin, die die mittelalterliche Theologie entscheidend geprägt haben. Dominikus starb 1221 in Bologna und fand seine letzte Ruhestätte in der dortigen Dominikanerkirche in einem prächtigen Grab. Schon 13 Jahre nach seinem Tod wurde er von Papst Gregor IX. heiliggesprochen.

Um das Leben des großen Mönchs ranken sich auch manche Legenden. So soll ihm 1208 Maria in einer Erscheinung den Rosenkranz übergeben haben, ein Motiv, das uns in vielen Darstellungen begegnet. Nach einer anderen Legende sah seine Mutter vor seiner Geburt ein schwarz-weißes Hündchen, das mit einer brennenden Fackel im Maul die ganze Welt erleuchtete. Diese Vision hat sie als Hinweis auf die außergewöhnliche Redekunst des Knaben gedeutet, den sie gebären werde.

In München kümmern sich seit 1954 Dominikaner um die Seelsorge in der vom bayerischen Herzogspaar Ferdinand Maria und Henriette Adelaide im 17. Jahrhundert erbauten Theatiner-Hofkirche, einem der schönsten Gotteshäuser der Landeshauptstadt.

Darstellung Bilder zeigen Dominikus im weißen Mönchskleid mit Kreuz, Buch und Rosenkranz, oft mit einem schwarz-weißen Hund, der im Maul eine Fackel hält.

10. August

LAURENTIUS
HELFER GEGEN DIE HUNNEN

Wegen seines Todes auf einem feurigen Rost wurde Laurentius zum Patron der Feuerwehrleute, Köche, Bäcker, Konditoren und der Glasbläser sowie der Armen Seelen im Fegefeuer. Nach dem Volksglauben erlöst Laurentius an jedem Freitag eine Seele aus dem Fegefeuer.

Laurentius, bei uns meist als Lorenz bekannt, ist ein Märtyrer aus der Frühzeit der Kirche. Von Papst Sixtus II. zum Diakon geweiht, gehörte die Verwaltung des Kirchenschatzes zu seinen Aufgaben. Als Kaiser Valerian davon erfuhr, forderte er von Laurentius die Herausgabe des kirchlichen Vermögens. Dieser kam dem kaiserlichen Befehl aber nicht nach, sondern verteilte alles Geld an die Armen, die er als die »wahren Schätze der Kirche« bezeichnete. Nach dieser Gehorsamsverweigerung erlitt er das Martyrium auf dem feurigen Rost.

Kaiser Konstantin der Große ließ um 330 in Rom an der Stätte von Laurentius' Martyrium eine Kirche erbauen. Es ist die Basilika S. Lorenzo fuori le mura an der Via Tiburtina, die zu den sieben Hauptkirchen der Ewigen Stadt zählt.

Die Verehrung des heiligen Laurentius lebte im Mittelalter auch in Bayern auf. Dazu trug besonders Kaiser Ottos I. Sieg über die Hunnen auf dem Lechfeld bei Augsburg am 10. August 955 bei, dem Festtag des heiligen Laurentius. Kaiser Otto und Bischof Ulrich sahen in Laurentius den großen Helfer in der Entscheidungsschlacht. Zu seiner Ehre entstanden im Mittelalter bedeutende Kirchenbauten, wie z. B. in Nürnberg die gotische Lorenzkirche und in Kempten die ehemalige Stiftskirche St. Lorenz.

Darstellung Abbildungen zeigen Laurentius als jungen Diakon, meist mit Rost, auf dem er der Legende nach den Tod gefunden haben soll. In dem großen Deckenfresko des Jüngsten Gerichts in der Sixtinischen Kapelle in Rom wies Michelangelo Laurentius einen hervorragenden Platz unter dem Weltenrichter Christus zu.

Laurentius-Tränen Die Sternschnuppen, die Perseiden, die alljährlich vor allem in der Nacht vom 10. auf den 11. August vom Himmel fallen, sind auch als »Laurentius-Tränen« bekannt.

St. Lorenz kommt in finstrer Nacht
ganz sicher mit Sternschnuppenpracht.

Lässt St. Lorenz den Weinberg braten,
wird die Traube wohl geraten.

Hl. Laurentius von 1737, Filialkirche St. Nikolaus, Lalling, Ndb.

KLARA
BEGLEITERIN VON FRANZISKUS

Klara war eine begeisterte Anhängerin des Franziskus von Assisi. Von seinen Idealen fasziniert, verließ sie mit 18 Jahren ihr Elternhaus, eine angesehene Adelsfamilie, und ging nach Portiuncula bei Assisi, wo Franziskus lebte. In Gegenwart von Verwandten ließ sie sich von ihm als Zeichen ihrer Abkehr von Reichtum und Wohlstand feierlich die Haare abschneiden und mit einem groben Bußgewand bekleiden – eine Szene, die viele Künstler zu Darstellungen inspiriert hat.

Klara ist Schutzpatronin ihrer Heimatstadt Assisi sowie der Glaser, Glasmaler und Vergolder, der Blinden und auch der Liebenden.

Trotz heftiger Widerstände ihrer Eltern trat sie in das kleine Kloster San Damiano bei Assisi ein, wo sich rasch eine Gemeinschaft von Gleichgesinnten um sie sammelte. In der Kirche neben dem Kloster hatte Franziskus seine Christus-Vision.

1215 wurde Klara Äbtissin der »Armen Frauen von San Damiano«, deren Ordensregel Franziskus erstellt hatte. In späteren Jahren erarbeitete Klara eine eigene Regel mit dem verpflichtenden »Armutsprivileg«, das dem Orden verbot, materiellen Besitz anzunehmen. Diese Regel wurde nach jahrelangem Kampf erst kurz vor ihrem Tod von Papst Innozenz IV. kirchlich anerkannt. Dem von ihr gegründeten Klarissenorden schlossen sich später auch ihre Schwester und Mutter an.

Hl. Klara, Klosterarbeit, Privatbesitz Oberbayern

Trotz schwerer Krankheit verlangte Klara ihrem Körper harte Bußübungen ab und gründete über dreißig Klarissinnenklöster in ganz Europa. Als am 3. Oktober 1226 Franziskus von Assisi starb, führte der Leichenzug an ihrem Kloster San Damiano vorbei. So konnte sie sich noch von ihrem großen Vorbild verabschieden. Sie selbst starb nach langem Leiden am 11. August 1253. Schon nach zwei Jahren wurde sie heilig gesprochen. Ihr bis heute unverwester Leichnam wird in der Krypta der Klosterkirche Santa Chiara in Assisi verehrt. Das nahe der Stadt inmitten von alten Olivenbäumen liegende Kloster San Damiano ist bis heute fast unverändert und strahlt auf Besucher eine mystische Ruhe aus. Im Garten des Klosters schrieb Franziskus seinen berühmten »Sonnengesang«.

Darstellung Die Heilige wird meist mit schwarzem Ordensgewand und Äbtissinnenstab dargestellt, in der Hand das Kreuz und das Buch der Ordensregel haltend.

ROCHUS

NOTHELFER BEI SEUCHEN

Rochus ist der Patron von Venedig, Montpellier und Parma, ferner der Kranken, Gefangenen, Ärzte, Apotheker und Bauern. Man sieht in ihm den großen Helfer gegen die Pest und Cholera sowie bei Bein- und Knieleiden und bei Unglücksfällen.

Links: Hl. Rochus, Klosterkirche Niederaltaich, Ndb.

Rechts: Hl. Rochus, Fresko, Kirche San Nazzaro Sesia, Piemont/Italien

Obwohl Rochus nicht zu den beliebten vierzehn Nothelfern gehört, genießt er seit Jahrhunderten beim Volk größte Verehrung, als Helfer gegen viele Krankheiten, vor allem die Pest. Wie Sebastian wurde er über Jahrhunderte als Schutzpatron gegen den gefürchteten Schwarzen Tod angerufen.

Da uns keine zuverlässigen Berichte über das Leben des Patrons gegen Seuchen und Pest vorliegen, sind wir auf die Aussagen von Legenden angewiesen. Danach wurde er um 1295 in der südfranzösischen Stadt Montpellier als Sohn frommer Eltern geboren. Nach deren Tod verschenkte er sein gesamtes Erbe an die Armen der Stadt und zog als mittelloser Pilger durch die Lande. Immer wieder begegnete er Pestkranken, von denen er viele heilen konnte, bis er sich schließlich selbst infizierte. In seinen letzten Lebensstunden soll dem Todkranken ein Engel erschienen sein, der ihm Mut zusprach. Als er doch noch in seine Heimatstadt zurückkehrte, warf man ihn in den Kerker, wo er nach fünfjähriger Haft mit 32 Jahren starb.

Als im 15. Jahrhundert ein Teil seiner Reliquien von Montpellier nach Venedig gelangte, verehrte man den Heiligen, der kein Priester war, als Helfer gegen die Pest. In der Lagunenstadt errichtete man ihm die Kirche S. Rocco.

Schon bald nach dem Tod des Heiligen entwickelten sich in Europa Wallfahrten. Am berühmtesten wurde die Wallfahrt auf den Rochus-Berg in Bingen. Rochus-Wallfahrten gibt es außerdem in den Bistümern Köln, Mainz und Fulda.

Darstellung Auf vielen Abbildungen ist Rochus als Pilger mit Stab und Pilgerhut zu sehen und ist damit St. Jakobus sehr ähnlich. Meist zeigt er auf eine Pestbeule am entblößten Oberschenkel.

Wenn St. Rochus trübe schaut, kommen die Raupen in das Kraut.

BARTHOLOMÄUS
PATRON DER HIRTEN UND BAUERN

Bartholomäus, der oft mit Natanael gleichgesetzt wird, war einer der zwölf Apostel Jesu. Er gehörte zum Kreis der Johannes-Jünger am Jordan. Legenden sehen in ihm auch den Bräutigam der Hochzeit zu Kanaa, bei der Jesus sein erstes Wunder wirkte. Nach der Überlieferung predigte Bartholomäus in Mesopotamien, Armenien und Indien und soll durch Abziehen der Haut gestorben sein. Die Reliquien des Heiligen kamen 983 durch Kaiser Otto III. nach Rom, die Hirnschale 1238 nach Frankfurt am Main in den Dom St. Bartholomäus.

Unter dem Patronat von Bartholomäus stehen neben den Städten Frankfurt am Main, Pilsen, Maastricht und Lüttich die Gerber, Sattler, Schuhmacher, Buchbinder, Schneider, Hirten, Winzer und Bauern.

Darstellung Bartholomäus wird dargestellt als Apostel mit Fahne, Schriftrolle und Buch. Michelangelo verewigte sein Martyrium im Fresko des Jüngsten Gerichts in der Sixtinischen Kapelle in Rom. In die abgezogene Haut, die der Märtyrer wie ein Kleidungsstück am linken Arm trägt, malte der Künstler sein eigenes Porträt.

Martyrium des hl. Bartholomäus, Deckenfresko in der ehemaligen Kartause Buxheim, von J. B. Zimmermann, 1711, Buxheim, Schw.

Mit dem Bartholomäus-Tag verbindet sich aber auch ein düsteres historisches Ereignis: Wegen der Ausbreitung der lutherischen Lehre in Frankreich wurden im 16. Jahrhundert acht Kriege zwischen Katholiken und Protestanten (Hugenotten) geführt. In der berüchtigten »Bartholomäus-Nacht« des Jahres 1572 kam es in Paris zu einem furchtbaren Massaker an 2000 französischen Hugenotten.

Hl. Bartholomäus, Fresko von da Tradate, um 1500, Palanegra, Centovalli, Tessin

Brauchtum In den Gebirgsregionen gibt es zahlreiche Bartholomäus-Kirchen, die unter dem Patronat dieses Heiligen stehen und Ziel von Wallfahrten sind, so z. B. die Kapelle auf dem Großen Arber. Am bekanntesten ist die Kirche St. Bartholomä am Königssee, die alljährlich von Wallfahrern aus dem Pinzgau im Salzburger Land aufgesucht wird. Diese Wallfahrt findet immer am Wochenende nach dem 24. August statt. Dabei brechen mehr als 2000 Pilger und Bergfreunde von Maria Alm bei Saalfelden im Pinzgau zu einem zwölfstündigen Marsch über das Steinerne Meer auf. Begleitet werden die Wallfahrer von einer Blaskapelle, die die Bergmesse am Riemann-Haus (2177 Meter) und den Dankgottesdienst in St. Bartholomä musikalisch umrahmt.

Hl. Bartholomäus, Georgenberg bei Germaringen, Schw.

Im Jahre 1688 kam es bei der Wallfahrt zu einem großen Unglück: Auf der Heimfahrt ertranken siebzig Wallfahrer in ihren Booten im Königssee.

Wie sich das Wetter am Bartheltag stellt ein, so soll's den ganzen September sein.

Mit dem Bartholomäus-Tag geht die Erntezeit zu Ende. Die Tage werden kürzer und kälter. Es beginnt der Herbst.

Wallfahrtskirche St. Bartholomä am Königssee, Obb.

MAGNUS

MISSIONAR IM ALLGÄU

St. Mang ist Stadtpatron von Füssen und Kempten und wird auch als Viehpatron verehrt, in Füssen wird sein Namensfest alljährlich beim Mang-Fest mit Lichterprozession gefeiert. Im Allgäu zählt man den Heiligen zu den vierzehn Nothelfern.

Magnus zählt zu jenen Glaubensboten, die im 8. Jahrhundert in unserer Heimat den Grundstein für die Christianisierung legten. Er wurde um 700 in der Nähe des heutigen Klosters St. Gallen geboren und lebte viele Jahre als Einsiedler in einer Klause am Grab des heiligen Gallus, wo ab 720 das Benediktinerkloster St. Gallen entstand. Von dort machte er sich auf den Weg, um zusammen mit zwei Gefährten im Ostallgäu und in der Gegend um Kempten, die wegen gefährlicher Schlangen unbewohnbar war, den christlichen Glauben zu verkünden. Ohne Furcht bekämpfte Magnus die gefürchteten Tiere, das Kreuz und der Wanderstab von Gallus verhalfen ihm zum Sieg. Nun konnte hier eine erste christliche Gemeinde entstehen.

Als Magnus weiter in die Gegend um Füssen zog, musste er gegen Dämonen kämpfen, ehe er sich niederlassen und eine Mönchszelle errichten konnte, aus der durch Förderung von König Pippin dem Jüngeren das spätere Benediktinerkloster hervorging. Fast dreißig Jahre wirkte Magnus nun mit seinen Mitarbeitern im alemannisch-schwäbischen Raum und wurde dort zum Priester geweiht. Mit 73 Jahren starb St. Mang, wie er im Allgäu genannt wird, in seiner Zelle. Über dem Grab des »Apostels des Allgäus« wurde hoch über der Stadt Füssen die Benediktinerkirche St. Mang errichtet. Seine Gebeine sind seit den Ungarneinfällen verschollen.

Darstellung Abbildungen zeigen St. Mang als Mönch mit dem Kreuzstab, mit dem er Drachen und wilde Tiere bekämpft. Die älteste St.-Mang-Darstellung ist ein Fresko in der Krypta der St.-Mang-Kirche in Füssen.

St. Mang sät den ersten Strang.

Links: Hl. Magnus, Deckenfresko, ehemalige Klosterkirche Seeon, Obb.

Rechts: Füssen am Lech, Altstadt mit Pfarrkirche St. Mang und Hohem Schloss

OTTO VON FREISING
BISCHOF UND GESCHICHTSSCHREIBER

Seine Karriere war Otto als Mitglied des europäischen Hochadels schon in die Wiege gelegt. Er stammte aus der Familie der Babenberger, sein Vater war der später heiliggesprochene Markgraf Leopold III., seine Mutter Agnes, die Tochter Kaiser Heinrichs IV., sein Halbbruder Konrad wurde später König. Um 1112 geboren, bestimmten seine Eltern ihn schon frühzeitig für den geistlichen Stand. Bei seinen Studien in Paris, vielleicht auch in Chartres, lernte er die größten Gelehrten in Philosophie und Theologie seiner Zeit kennen. Nach Abschluss seiner Studien trat er in die Zisterzienserabtei Morimund bei Dijon ein und wurde 1138 zum Abt gewählt. Noch im selben Jahr wurde er zum Bischof von Freising berufen. Er war damit der erste Zisterzienser auf einem deutschen Bischofsstuhl.

In Ottos zwanzigjährigem Wirken in Freising galt seine stete Aufmerksamkeit der Seelsorge in seinem Bistum, daneben reformierte er die Klöster Schäftlarn, Schlehdorf und Innichen. Er holte Prämonstratenser und Augustiner in sein Bistum und gründete neue Klöster wie Schliersee und Neustift.

Politisch versuchte er die verstreuten Besitzungen des Hochstifts vor fremden Ansprüchen zu sichern und vermittelte geschickt bei vielen Konflikten. Eine Niederlage erlitt er 1158 im Föhringer Brückenstreit mit seinem Vetter Heinrich dem Löwen. Dabei ging es um wichtige Handelswege über die Isar. Der Streit führte schließlich zur Gründung von München. Noch 1158, im Jahr des Brückenstreits, starb Otto im Kloster Morimund. Seit der Zerstörung der Klosteranlage in der Französischen Revolution ist sein Grab verschollen.

Hl. Otto, Denkmal, Vorhof Dom Maria Geburt und St. Korbinian, Freising, Obb.

Neben seinen vielfältigen geistlichen und politischen Aktivitäten betätigte sich Otto auch als Geschichtsschreiber. Von ihm stammt die berühmte »Chronica sive Historia de duabus civitatibus« (Die Geschichte der zwei Staaten), eine Weltgeschichte in acht Bänden, von der Erschaffung der Welt bis zu Ottos Gegenwart. Das Werk schließt mit dem Erscheinen des Antichrist und des Endes aller Geschichte. In Anlehnung an den heiligen Augustinus deutet er die Weltgeschichte theologisch als Auseinandersetzung zwischen dem »Gottesstaat« und dem »Welt- und Teufelsstaat«. Ottos Chronik gilt als Standardwerk mittelalterlicher Geschichtsschreibung.

Darstellung Otto wird dargestellt als Bischof im Messgewand mit Stab, Mitra und Buch, oft mit einer Schreibfeder als Hinweis auf seine Tätigkeit als Geschichtsschreiber.
Seit 1857 erinnert auf dem Freisinger Domberg ein 1867 errichtetes Standbild an den großen Bischof und Geschichtsschreiber.

MARIA
SCHUTZFRAU BAYERNS

Maria ist die Patronin der Christenheit, der Bistümer Aachen und Speyer sowie vieler Handwerker.

Kurfürst Maximilian I. erklärte Maria zur Patrona Bavariae, zur Schutzfrau Bayerns. Im Dreißigjährigen Krieg ließ er 1638 inmitten von München eine Mariensäule errichten, die bis heute der geografische Mittelpunkt der Landeshauptstadt ist. Das kurfürstliche Beispiel fand vielfache Nachahmung: Auf Straßen und Plätzen entstanden in Stadt und Land Mariensäulen zum Lobe der Mutter Gottes.

Gottesmutter, Unsere Liebe Frau, Himmelskönigin – so besingen gläubige Menschen seit Jahrhunderten Maria, die Mutter des Herrn. Sie ist eine zentrale Gestalt des christlichen Glaubens und der Volksfrömmigkeit, obwohl nur wenige Angaben über ihr Leben vorliegen. Maria war die Tochter von Joachim und Anna, zu ihren Verwandten zählten ihre Cousine Elisabeth und der Priester Zacharias. Mit zwölf Jahren wurde sie mit Joseph verlobt, mit dem sie in Nazareth zusammenlebte. Dort erschien ihr ein Engel Gottes und verkündete ihr, dass sie die Mutter des Messias werden solle. Maria erklärte sich bereit, den göttlichen Willen zu erfüllen: »Siehe, ich bin eine Magd des Herrn. Mir geschehe nach deinem Wort.«

Muttergottes mit dem Jesuskind 1723/24, Dom Maria Geburt und St. Korbinian, Freising, Obb.

Wie schön glänzt die Sonn

2. Sie ist nur allein ganz würdig und rein,
dem göttlichen Prinzen ein Mutter zu sein.

3. Des Herrn eine Magd in Demut sie sagt,
indem ihr der Engel das Ave vortragt.

4. Mit himmlischer Gnad wurd' sie überschatt',
indem sich die Gottheit vermischet selbst hat.

5. O Jungfrau geehrt, ganz rein, unversehrt,
ein göttliches Wunder bist worden der Erd.

6. Ich hoff', dass du mich, wann's kommet zum Sterbn,
nit lassest verderben. Ich hoffe auf dich!

Tradition: *In Ober- und Niederösterreich, Salzburg und Tirol seit dem 19. Jh. bekannt.*

Fassung: *Annette Thoma, Gotteslob der Diözese München und Freising, Nr. 866.*

Als Maria mit Joseph wegen einer Volkszählung in Bethlehem weilte, gebar sie ihren Sohn in einem Stall, weil in der Herberge kein Platz für sie war. Hirten kamen herbei und beteten das Kind an. Weise aus dem Morgenland brachten ihm königliche Geschenke. Weil König Herodes das göttliche Kind töten wollte, floh das heilige Paar mit dem Kind nach Ägypten. Von dort kehrten sie wieder heim nach Nazareth.

Fortan stand Maria im Hintergrund, auch als Jesus als Prediger in die Öffentlichkeit trat. Sie war bei seinem ersten Wunder bei der Hochzeit in Kana dabei und stand in Jerusalem unter dem Kreuz ihres Sohnes. Nach seiner Himmelfahrt erwartete sie beim Pfingstfest im Kreis der Jünger die Herabkunft des Heiligen Geistes. Über das weitere Leben Marias gibt es keine gesicherten Quellen. Sie könnte um das Jahr 50 in Jerusalem gestorben sein, vielleicht auf dem Zionsberg. Als Ort ihres Todes werden in der Überlieferung Jerusalem und Ephesus genannt.

Schutzmantelmadonna, Hochaltarflügel um 1500, Jenkofen, Ndb.

Wasserburger Schutzmantelmadonna mit Votanten, Votivbild von 1771, Heimatmuseum, Wasserburg, Obb.

An Mariä Namen sagt der Sommer Amen.

An Mariä Namen kommen die Schwalben zusammen.

Darstellung Das Marienbild ist neben Christusdarstellungen das Hauptthema der christlichen Kunst: Maria mit dem Jesuskind im Arm oder auf dem Schoß, auf der Erdkugel stehend und die Schlange des Bösen zertretend, als Unbefleckte Jungfrau (Immaculata), Schmerzensmutter (Pieta/Vesperbild) und Rosenkranz- und Schutzmantelmadonna.

Marienfrömmigkeit Zahllose Kapellen, Kirchen und Dome sind »Unserer Lieben Frau« geweiht. Zentren bayerischer Marienverehrung sind die vielen Marienwallfahrtsorte, z. B. Altötting, das Käppele in Würzburg, Mariahilf in Passau und Amberg. Zu diesen Gnadenorten ziehen seit Jahrhunderten Wallfahrer im innigen Vertrauen zur Gottesmutter, der Patronin Bayerns. Zahlreiche Lieder, auch in der heimischen Mundart, sind ein Lobpreis der Patronin Bayerns.

Feste zu Ehren der Muttergottes Die Verehrung der Muttergottes findet in vielen Festen im Jahreskreis ihren Ausdruck: Mariä Verkündigung (25. März), Mariä Himmelfahrt (15. August), Mariä Geburt (8. September). Die marianischen Feste zählen zu den Höhepunkten im Kirchenjahr.

NOTBURGA

DIENSTMAGD AUS TIROL

Notburga erfreut sich in Tirol und Bayern vor allem auf dem Land großer Beliebtheit. Sie wurde um das Jahr 1265 in Rattenberg am Inn als Kind armer Eltern geboren. Mit 18 Jahren kam sie als Dienstmagd auf das Schloss des Grafen von Rottenburg im Unterinntal, wo sie ein gutes Verhältnis zur Gräfin hatte, die ihr erlaubte, übrig gebliebene Speisen den Armen zu bringen.

Als die großzügige Gräfin starb und die geizige Schwiegertochter das Regiment auf dem Schloss übernahm, musste Notburga gehen und sich als Haus- und Stallmagd bei einem Bauern in Eben am Achensee verdingen. Als dieser ihr einmal befahl, auch noch nach dem abendlichen Gebetläuten auf dem Feld noch Weizen zu schneiden, warf sie der Legende nach entsetzt ihre Sichel in die Luft. Und da geschah plötzlich Wundersames: Die Sichel fiel nicht zu Boden, sondern schwebte über ihr.

Nach dem Tod der geizigen Gräfin durfte Notburga auf Schloss Rottenburg zurückkehren, wo sie noch viele Jahre zur vollen Zufriedenheit aller Bewohner als Köchin arbeitete. Es gelang ihr sogar, in der zerstrittenen Grafenfamilie Frieden zu stiften. Der Graf war so dankbar, dass er seiner Köchin in der Sorge für die Armen nacheiferte und alljährlich eine große Summe Geld zur Verfügung stellte, um 500 Notleidende zu speisen. Als Notburga im Alter von 48 Jahren starb, wurde sie in der Rupertikapelle in Eben bestattet. Vor 250 Jahren wurde dort eine neue Notburgakirche errichtet, zu der bis heute am »Notburga-Sonntag«, das ist der Sonntag nach dem 13. September, zahlreiche Besucher und Wallfahrer aus Tirol und Bayern kommen.

Türschild mit der Kirche von Eben und der hl. Notburga, Pfarrhof Eben, Tirol

Notburga wird als Schutzpatronin der Dienstmägde und Bauern verehrt und gilt als Helferin für eine glückliche Geburt und bei Krankheiten.

Darstellung Die Dienstmagd Notburga ist auf Abbildungen leicht an ihren Attributen Milchkrug und Brot oder Getreidegarbe und Sichel zu erkennen. In vielen Kirchen, Kapellen und Wohnungen hängen Bilder der beliebten Heiligen.

Pfarrkirche St. Notburga, Eben am Achensee, Tirol

18. September

LANTBERT
BISCHOF IN SCHWERER ZEIT

Lantbert wurde schon zu Lebzeiten vom Volk als Heiliger verehrt und bald neben Korbinian zum Patron des Freisinger Domes erwählt.

Lantbert war ein Nachkomme des Grafengeschlechts von Ebersberg und gehörte vermutlich schon nach seiner Priesterweihe zum Domklerus von Freising. Sein Leben und Wirken ist eng mit der Geschichte des Freisinger Bistums verbunden, dessen dreizehnter Bischof er von 937 bis 957 war. Schon als er die Leitung des Bistums übernahm, befand sich Bayern im Kampf gegen die ungarischen Reiterhorden, die das Land verwüsteten und Kirchen und Klöster in Brand steckten. Doch auch bei den eigenen Priestern und Klöstern gab es viele Missstände, die Lantbert ein Dorn im Auge waren. Daher begrüßte er es sehr, als es im Anschluss an einen Reichstag, den König Otto I. 952 auf dem Lechfeld einberufen hatte, zu einer bedeutenden Bischofssynode kam. Neben Lantbert nahmen auch Bischof Ulrich von Augsburg und Bischof Konrad von Konstanz an diesem Konvent teil, der eine Reform der Kirche einleiten und Zucht und Sitte im Volk wiederherstellen sollte.

Hl. Lantbert um 1700, Filialkirche Adling bei Glonn, Obb.

Als es im Jahr 955 zur Entscheidungsschlacht auf dem Lechfeld bei Augsburg kam, gelang es Lantbert, den Freisinger Domberg vor Angriffen zu schützen. Ob sich auch der Bischof am siegreichen Kampf beteiligte, ist nicht belegt. Einer Legende nach soll Lantberg durch sein Gebet erreicht haben, dass bei einem ungarischen Ansturm auf Freising der Dom mehrere Tage von dichtem Nebel eingehüllt wurde, sodass er für die Angreifer unsichtbar war. Dieser Umstand wurde als Zeichen für Lantberts Einwirken gedeutet. Das Volk sah in seinem Bischof den großen Helfer in schwieriger Zeit.

Einer alten Inschrift nach war sein Lieblingsplatz vor dem Altar des Freisinger Doms, hier fand er in der Krypta auch sein Grab. Er ist der einzige Bischof der Domstadt, der als Heiliger verehrt wird.

Darstellung Bilder zeigen Lantbert als Bischof, oft mit einem Lamm als Hinweis auf sein Hirtenamt.

EMMERAM
WANDERBISCHOF IN REGENSBURG

Emmeram wurde zu Anfang des 8. Jahrhunderts in Frankreich, in der aquitanischen Stadt Poitiers, geboren. Nach der Biografie des Freisinger Bischofs Arbeo war er in seiner Geburtsstadt Bischof. Von dort ging Emmeram als Missionar nach Bayern und kam an den Regensburger Hof von Herzog Theodo, der ihn bat, in

Emmeram ist einer der drei Bistumspatrone von Regensburg.

Martyrium des hl. Emmeram, Benediktinerabtei Lambach, Oberösterreich

Oben: Hl. Emmeram, frühes Mittelalter, Vorhalle

Unten: Emmeramschrein 1440, beide Abb.: ehem. Benediktinerabteikirche St. Emmeram Regensburg

seinem Reich die heidnischen Kulte zurückzudrängen und das Christentum zu festigen. Daraufhin soll Emmeram im Regensburger Raum mehrere Jahre als Wanderbischof gewirkt haben. Unbeabsichtigt geriet er in den Konflikt zwischen Franken und Karolingern, was um das Jahr 715 zu seiner Ermordung in Kleinhelfendorf führte. Die genauen Umstände, die zu der Gewalttat führten, liegen aber bis heute im Dunkeln.

Arbeo, der Freisinger Biograf, ist allerdings der Ansicht, dass der Mord einen anderen Hintergrund hatte, nämlich die Affäre zwischen Uta, der Tochter des Herzogs, und Sigibald, dem Sohn eines Richters. Als Uta schwanger war, vertraute sie sich aus Furcht vor der väterlichen Bestrafung Bischof Emmeram an. Dieser soll sich der Legende nach bereit erklärt haben, die Schuld auf sich zu nehmen, was ihm schließlich zum Verhängnis wurde. Da Emmeram kurz nach dem Gespräch mit Uta von Regensburg zu einer Reise nach Rom aufbrach, verfestigte sich bei Utas Bruder der Verdacht der Vaterschaft Emmerams. Um die seiner Schwester zuteil gewordene Schande zu rächen, verfolgte er den Bischof und holte ihn in Kleinhelfendorf bei Bad Aibling ein. Er befahl, den vermeintlichen Übeltäter an eine Leiter zu binden und ihm nach und nach die Gliedmaßen abzuschneiden.

An seinem Grab entstand ab dem Jahr 739 der wichtigste Kirchenbau Süddeutschlands aus vorkarolingischer und frühromanischer Zeit. Die Kirche St. Emmeram war nicht nur der Mittelpunkt einer der großen Benediktinerabteien in Bayern, sondern über 1000 Jahre auch die Grablege karolingischer Herrscher und bayerischer Herzöge.

Kapelle St. Emmeram an der Stelle des Martertodes des Heiligen, Kleinhelfendorf, Obb.

Hl. Emmeram, Ramwoldskrypta, ehem. Benediktinerabteikirche St. Emmeram, Regensburg

Am Ort des Mordes entstand 1631 eine Brunnenkapelle, die Vorgängerin der heutigen Märtyrerkapelle aus dem Jahr 1752, in der auf einem Stein eine lebensgroße Figurengruppe die Mordtat veranschaulicht. Der Leichnam des Heiligen wurde 740 in seine Bischofsstadt Regensburg überführt. Hier entstand an seinem Grab die Reichsabtei St. Emmeram, ein Zentrum der Wissenschaften. Heute wohnen die Nachkommen des Fürstenhauses Thurn und Taxis in dem Gebäude.

Darstellung Abbildungen zeigen den heiligen Emmeram als Bischof, meist mit einer Leiter, ein Hinweis auf sein Martyrium.

Emmerami-Festspiele In Kleinhelfendorf lebt das Gedächtnis an den Heiligen seit Kurzem in den Emmerami-Festspielen weiter, zu denen die Leidensgeschichte des Heiligen aus dem 8. Jahrhundert in Szene gesetzt wird.

RUPERT

SCHUTZPATRON DES RUPERTIGAUS

Rupert ist der Schutzpatron des Landes und der Stadt Salzburg, der Berg- und Salinenarbeiter sowie des Rupertigaus, der Gebirgsregion an der bayerischen Ostgrenze.

Rupert gehört zum Kreis jener fränkischen Glaubensboten, die wie Emmeram im 7. Jahrhundert an den bayerischen Herzogshof in Regensburg kamen. Er stammt aus einem rheinfränkischen Grafengeschlecht und wurde vermutlich in Worms geboren. Um das Jahr 696 gelangte er an Herzog Theodos Hof, mit dessen Erlaubnis er sich in die einstige Römerstadt Juvavum, das heutige Salzburg, begab. In den Ruinen der Stadt gründete Rupert das Kloster St. Peter, das älteste, heute noch bestehende Kloster Österreichs, und auf dem Nonnberg ein Frauenkloster. So legte er die Fundamente des Christentums im Salzburger Raum. Ein besonderes Anliegen war ihm daneben die Missionierung der Slawen. Deshalb gründete er im Pongau als Stützpunkt eine Klosterzelle, aus der die Stadt Bischofshofen hervorging.

Unterstützt wurde Rupert bei seinem missionarischen Wirken vom bayerischen Herzog Theodo und dessen Sohn durch reiche Schenkungen. Für die wirtschaftliche Sicherheit war dabei besonders das Recht der Salzgewinnung im heutigen Reichenhall wichtig.

Rupert starb etwa 715 in Worms, wohin er sich in den letzten Lebensjahren zurückgezogen hatte. Bischof Virgil ließ seine Gebeine 774 in den Vorgängerbau des Salzburger Doms überführen.

Darstellung Bilder zeigen Rupert in bischöflichen Gewändern mit den Attributen Salzkübel und Buch.

Links: Hl. Rupert um 1755, Wallfahrtskirche Unserer Lieben Frau, Weltenburg, Ndby

Rechts: Dom St. Rupert und Virgil, Salzburg

FRANZISKUS
BETTELMÖNCH AUS ASSISI

Obwohl Franziskus vor 800 Jahren, in der Zeit der Burgen und Ritter, gelebt hat, ist er ein moderner Heiliger, der gerade heute wieder Menschen begeistert. Er wurde 1181 in der oberitalienischen Stadt Assisi als Sohn eines reichen Tuchhändlers geboren und hieß eigentlich Giovanni Bernadone. Doch mit Kosenamen nannte man ihn »Francesco« (Französlein), weil seine Mutter Französin war.

Als Jugendlicher lebte Franz in Saus und Braus und wollte Ritter werden. Mit 25 Jahren vollzog er allerdings eine Wende in seinem Leben. Anlass war seine Gefangenschaft, die er wegen der Teilnahme am Städtekrieg zwischen Assisi und Perugia absitzen musste. Der Krieg und die Zeit im Gefängnis haben ihm die dunkleren Seiten des Daseins vor Augen geführt und ihn nachdenklich gestimmt. Dazu trug vor allem auch eine Vision bei, die er um 1205 in der kleinen Kirche San Damiano bei Assisi hatte. Er hörte Christus zu sich sagen: »Franz, stelle mein verfallenes Haus wieder her!« Diese Bitte nahm er wörtlich und baute unterhalb der Stadt eine fast schon verfallene Kapelle, die heutige Portiuncula-Kapelle, eigenhändig wieder auf. Diese Kapelle wird heute von der großen Basilika degli Angeli überwölbt.

Klara, seine Vertraute, verstand das Wort Christi aber auch als Aufforderung zur radikalen Nachfolge. Deshalb verzichtete Franz zum Entsetzen seines reichen Vaters auf sein Erbe, kleidete sich in grobes Sackleinen und zog barfuß als »poverello« (kleiner Armer) bettelnd von Ort zu Ort. Er verzichtete auf jegliche Annehmlichkeit und schlief auf der Erde. Als sich ihm eine Schar Gleichgesinnter anschloss, gründete er den Bettelorden der Minderen Brüder oder Minoriten und gemeinsam mit Klara den weiblichen Zweig der Franziskaner, den Klarissenorden.

Hl. Franziskus mit stigmatisierten Händen, Andachtsbild um 1900 Oberbayern

Zur Lebensgeschichte des Franz von Assisi gehört auch, dass er 1223 mit seinen Mitbrüdern das Weihnachtsfest auf recht ungewöhnliche Weise feierte: Er versammelte sie zu einer Krippenfeier außerhalb der Kirche, mitten im Wald von Greccio in Umbrien. Mit einer hölzernen Futterkrippe und mit Ochs und Esel, die er dazustellte, veranschaulichte er ihnen die Geburtsszene in Bethlehem. Damit wurde Franz von Assisi ein Wegbereiter unserer heutigen Krippentradition.

Sonnengesang

Gepriesen seist du, mein Herr, mit
allen deinen Geschöpfen,
zumal der Herrin, Schwester Sonne,
denn sie ist der Tag,
und spendet das Licht uns durch sich.
Und sie ist schön und strahlend in großem Glanz.
Dein Sinnbild trägt sie, Erhabenster.
Gepriesen seist du, mein Herr,
durch Bruder Mond und die Sterne,
am Himmel hast du sie gebildet,
hell leuchtend und kostbar und schön.

Der Bettelmönch aus dem Mittelalter ist der Schutzpatron des Franziskanerordens, von Italien und Assisi, der Armen, Kaufleute und Schneider sowie neuerdings des Tier- und Umweltschutzes.

Basilika und Kloster San Francesco, Assisi/Umbrien/Italien

Die mystische Verbundenheit von Franziskus mit Christus fand ihren Höhepunkt in den leiblichen Wundmalen, die er 1224 auf dem Monte Alverna empfing. Dies war die erste sicher bezeugte Stigmatisation. In diesem Jahr verfasste er in San Damiano auch seinen »Sonnengesang«, den berühmten Lobpreis auf Gottes Schöpfung. Franziskus starb im Jahr 1226 in Portiuncula. Seine Gebeine ruhen in der vielbesuchten Basilika San Francesco in Assisi.

Ganz gegen den Geist seiner Zeit hatte er eine besondere Zuneigung zur Natur und zu den Tieren. Seine Liebe zu den Tieren ging so weit, dass er ihnen sogar Predigten hielt, ein Motiv, das Künstler immer wieder zu Darstellungen inspirierte. Berühmt ist Giottos Gemälde der Vogelpredigt in der Oberkirche der Basilica San Francesco in Assisi.

Darstellung Franziskus ist auf allen Bildern als einfacher Mönch dargestellt.

Franziskus predigt den Vögeln, Plastik von I. W. Fehrle, Franziskuskirche Schwäbisch-Gmünd, Baden-Württemberg

12. Oktober

MAXIMILIAN
GLAUBENSBOTE IN OSTBAYERN

Maximilian ist neben Valentin der zweite Patron des Bistums Passau und wird auch in der Diözese Linz verehrt. Als Namenspatron fand der frühchristliche Bischof in Bayern große Wertschätzung. Zahlreiche Wittelsbacher Herrscher, so die Könige Max I. Joseph und Maximilian II., trugen seinen Namen.

Links: Hl. Maximilian, 1677, Kapelle Maria Schnee, Schloss Triebenbach, Laufen

Rechts: Dom St. Stephan, Passau

Über das Leben des heiligen Maximilian liegen uns keine gesicherten Angaben vor. Nach der Legende wurde er im 3. Jahrhundert in Slowenien als Sohn reicher Eltern geboren. Nach deren Tod verteilte er seinen Besitz an die Armen und unternahm eine Pilgerreise nach Rom. Dort begegnete er dem Papst, der ihn als Glaubensbote nach Norikum im heutigen Oberösterreich sandte, damals ein wichtiger Stützpunkt in der römischen Provinz Rhaetien. Maximilian wurde Bischof von Lauriacum/Lorch (heute ein Stadtteil von Enns). Hier predigte er viele Jahre den christlichen Glauben, half den Armen und wirkte Wunder. Seine Missionstätigkeit erstreckte sich auch auf das Gebiet um Freising, wo er einer Überlieferung nach auf dem Domberg einen heidnischen Tempel in eine Marienkapelle umgewandelt hat.

Maximilian starb im Jahr 284 in Lorch den Märtyrertod durch das Schwert, weil er sich weigerte, dem römischen Kriegsgott Mars zu opfern. Damit erlitt er ein ähnliches Schicksal wie St. Florian, der 304 nach vielen Folterungen mit einem Mühlstein um den Hals in den Fluten der Enns ertränkt wurde.

Die Erinnerung an den Missionar Maximilian blieb auch nach seinem Tod lebendig. Um 710 ließ der Salzburger Bischof Rupert in Bischofshofen im Pongau über Maximilians Grabstätte eine Kapelle mit einem Oratorium für Kleriker erbauen. Rupert wollte die Maximilianszelle zu einem Stützpunkt für die Slawenmission ausbauen.

878 gelangten Maximilians Gebeine durch den ostfränkischen König Karlmann nach Altötting und im 10. Jahrhundert nach Passau. Dort erhielten sie 1289 im Dom nach der gotischen Umgestaltung einen Ehrenplatz. Heute gelten Maximilians Gebeine jedoch als verschollen.

Darstellung Abgebildet wird St. Maximilian in bischöflichen Gewändern mit einem Kreuz in der Hand und mit Schwert.

KOLOMAN
PILGER AUS IRLAND

Koloman war ein irischer Pilger, der 1012 auf seiner Reise ins Heilige Land nach Stockerau bei Wien kam. Da man ihn wegen seiner fremden Sprache und ungewohnten Kleidung für einen böhmischen oder ungarischen Spion hielt, wurde er gefoltert und an einem Baum aufgehängt, an dem sein Leichnam der Legende nach noch nach einem Jahr unverwest hing. Als ein Jäger seinen Tod feststellen wollte und ihm einen Spieß in die Seite stieß, soll Blut herausgeflossen sein. Schließlich wurde Koloman vom Baum abgenommen und vom Babenberger Markgrafen Heinrich II. in seine Residenz beim Kloster Melk überführt, wo er am 13. Oktober 1014 feierlich bestattet wurde.

Koloman wurde nie offiziell heiliggesprochen, dennoch verbreitete sich sein Kult von Melk aus in ganz Österreich und Ungarn und schließlich auch in Bayern.

Darstellung Abbildungen zeigen Koloman als Pilger mit Hut, Stab und Flasche sowie mit Strick, ein Hinweis auf sein Patronat des Viehs und besonders der Pferde.

Brauchtum Seit Jahrhunderten werden zu Ehren des Pferdeheiligen Koloman an einigen Orten im Voralpenland an seinem Namenstag Pferdeumritte und -segnungen abgehalten. Kolomansritte finden alljährlich in Taching bei Waging im Traunsteiner Land und in Höchstätt am Westufer des Chiemsees statt.

Besonders eindrucksvoll ist der Umritt in Schwangau bei Füssen im Allgäu. In der Pestzeit des 14. Jahrhunderts entstand hier eine Kolomanskirche mit Pestfriedhof. Immer am zweiten Oktobersonntag kommt es dort zu einem großen Stelldichein mit bis zu 200 Pferden und ihren Reitern. Vom Marktplatz formiert sich der traditionelle Ritt zur nahen Kirche St. Koloman, einem besonderen Kleinod im Pfaffenwinkel. Bei günstiger Witterung wird vor der malerisch auf freiem Feld gelegenen kleinen Kirche ein Gottesdienst gefeiert. Beim anschließenden dreimaligen Umritt um die Kirche werden Ross und Reiter mit einer Kolomansreliquie gesegnet.

Hl. Koloman, Kapelle St. Koloman, Weipertskirchen, Obb.

Der irische Mönche ist der Patron der Reisenden und des Viehs und Hauspatron des Klosters Melk. In Österreich tragen viele Kirchen und auch der Ort St. Koloman bei Salzburg seinen Namen.

16. Oktober

HEDWIG

ANDECHSER GRAFENTOCHTER IN SCHLESIEN

Hedwig war eine Brückenbauerin zwischen Ost und West und wird als Schutzpatronin von Polen und Schlesien sowie der Städte Breslau, Krakau, Trebnitz und Berlin (Hedwigs-Kathedrale) verehrt. Nach dem Zweiten Weltkrieg wählten die schlesischen Heimatvertriebenen die bayerische Grafentochter zu ihrer Patronin. Zu ihrem Gedenken treffen sie sich alljährlich auf dem Heiligen Berg von Andechs.

Auf dem großen Deckenfresko der ehemaligen Klosterkirche in Dießen sind viele Heilige und Selige des mächtigen Grafengeschlechts Dießen-Andechs versammelt: »Gloria Sanctorum Diessensium et Andecensium«. Zu ihnen zählt auch Hedwig, die um 1174 als Tochter des mächtigen Andechser Grafen Berthold IV. auf die Welt kam und bald nach ihrer Geburt zur Erziehung in ein Frauenkloster in Kitzingen am Main gegeben wurde. Bereits mit zwölf Jahren wurde Hedwig, die eine Nichte der heiligen Elisabeth von Thüringen war, von ihrem Onkel Bischof Otto II. von Bamberg mit dem jungen Herzog Heinrich I. von Schlesien verheiratet. Noch als Kind musste sie daher ihre bayerische Heimat verlassen und wurde schon mit dreizehn Jahren zum ersten Mal Mutter. Aus der glücklichen Ehe gingen insgesamt sieben Kinder hervor.

Links: Hl. Hedwig, aus dem Chorgestühl der Klosterkirche Weissenau, Stadt Ravensburg, Baden-Württemberg

Rechts: Hl. Hedwig, Wallfahrtskirche Maria im Grünen Tal, Retzbach/Markt Zellingen, Ufr.

Klosterkirche Andechs, Obb.

Bergkristallschatz mit Reliquie der hl. Hedwig, Heilige Kapelle, Kloster Andechs, Obb.

Als Hedwigs Mann von seinem Vater die Herrschaft in Schlesien übernahm, unterstützte sie ihn nach Kräften. Ein großes Anliegen war ihr die christliche Missionierung des Landes. Deshalb holte sie mehrere Orden aus ihrer Heimat ins Land und erbaute Klöster. Ihre erste Klostergründung war das Zisterzienserinnenkloster Trebnitz bei Breslau. Als Landesmutter war sie in Schlesien wegen ihrer einfachen Lebensweise sehr beliebt. Sie führte ein asketisches Leben, begnügte sich mit abgetragener Kleidung und kümmerte sich um die Armen und Kranken.

Hl. Hedwig, Fresko um 1380, Urschalling bei Prien, Obb.

Nach dem Tod ihres Mannes im Jahr 1238 beschloss Hedwig ihren Rückzug aus der Öffentlichkeit. Sie lebte fortan im Kloster Trebnitz, ohne jedoch in den Orden einzutreten. Als Nonne trug sie einfache Kleidung wie ihre Mitschwestern. Um sich Gott noch mehr hingeben zu können, verzichtete sie im Winter sogar auf Schuhe. Nachts verbrachte sie viele Stunden kniend im Gebet. Sie fastete so streng, dass man um ihr Leben fürchtete. Am 15. Oktober 1243 starb sie im Kloster Trebnitz, wo sie auch bestattet wurde. Ihr Grab war bis ins 15. Jahrhundert der einzige Wallfahrtsort des Landes. Einige ihrer Reliquien befinden sich heute in der Heiligen Kapelle von Andechs.

Darstellung Bilder zeigen die schlesische Herzogin in vornehmem Gewand mit Krone auf dem Haupt, häufig eine Marienfigur oder ein Klostermodell in Händen.

WENDELIN

MÖNCH MIT DEM HIRTENSTAB

Wendelin wird vor allem als Schutzpatron der Hirten und Herden, Schäfer und Bauern verehrt. Darüber hinaus gilt er als Beschützer des Viehs und Helfer bei Viehkrankheiten sowie für gedeihliches Wetter und eine gute Ernte. In jüngster Zeit sieht man in dem legendären Heiligen auch einen Patron für die bedrohte Natur und Umwelt.

Wendelin ist ein besonders beliebter Heiliger, auch wenn uns nur wenig gesicherte Angaben über sein Leben vorliegen. Nach der Legende war er ein iro-schottischer Königssohn, der um das Jahr 550 geboren wurde. Nach einer Romfahrt entschloss er sich, in den Wäldern der Vogesen zu leben. Dabei kam er auch in die Gegend von Trier. Um seinen Lebensunterhalt zu sichern, arbeitete er bei einem Adeligen als Hirte und zog gern zu einem weit entfernten Berg, um in völliger Abgeschiedenheit zu beten. Wendelin übte sein Hirtenamt zur vollsten Zufriedenheit seines Herrn aus. Aus Dankbarkeit baute dieser seinem treuen Diener eine Klause beim Benediktinerkloster Tholey im Saarland, wo man ihn schon bald zum Abt wählte. Erst auf dem Sterbebett brach Wendelin sein Schweigen und offenbarte dem Bischof von Trier seine adelige Herkunft.

Um 570 starb der bei seinen Mitbrüdern beliebte Abt Wendelin und wurde auf dem Klosterfriedhof bestattet. Der Legende nach fanden am nächsten Tag die Mönche seinen Leichnam neben dem Grab. Man deutete dies als Hinweis, dass Wendelin bei seiner Klause seine letzte Ruhestätte finden wollte. Über diesem endgültigen Grab wurde eine Kapelle errichtet, die sich bald zu einer bedeutenden Wallfahrtsstätte entwickelte. Um sie herum entstand der Ort St. Wendel im Saarland. Die Verehrung des heiligen Wendelin blieb über Jahrhunderte lebendig. Noch heute gibt es 500 Kapellen und 160 Wallfahrtsorte, die seinen Namen tragen.

Darstellung Auf Abbildungen ist Wendelin als Mönch und Hirte mit den Attributen Stab, Keule und Buch dargestellt. Besonders eindrucksvoll ist die Figur des Heiligen in der Wallfahrtsbasilika Vierzehnheiligen bei Bad Staffelstein.

St. Wendelin, verlass uns nie,
schirm unseren Stall,
schütz unser Vieh.

Hl. Wendelin, Wallfahrtskirche Maria Schnee, Nassenbeuren, Schw.

URSULA
STADTPATRONIN VON KÖLN

Ursulas Existenz ist historisch nicht belegt, ihre Lebensgeschichte beruht ausschließlich auf Legenden. Angeblich war sie eine britannische Königstochter, die Jungfräulichkeit gelobt hatte. Als der heidnische König Aetherius sie mit seinem Sohn verheiraten wollte, ging sie zum Schein auf das Angebot ein, weil er gedroht hatte, das Reich ihres Vaters anzugreifen. Für ihre Zustimmung machte Ursula zur Bedingung, dass der Königssohn zum Christentum übertritt und ihr bis zur Hochzeit noch eine dreijährige Frist gewährt.

In dieser Zeit begab sich Ursula mit einigen Begleiterinnen – es sollen elf gewesen sein – auf eine Schiffsreise. Als ein Sturm ihre Boote nach Köln trieb, hatte sie eine Erscheinung: Ein Engel wies sie an, nach Rom zu pilgern. In Basel angekommen, reiste sie zu Fuß in die Ewige Stadt weiter. Nach drei Jahren kehrte sie per Schiff wieder in die Stadt Köln zurück, die seit längerer Zeit von den Hunnen belagert wurde. Diese fielen wild über ihre Begleiterinnen her und töteten sie grausam. Als sich Ursula dem Hunnenfürsten verweigerte, wurde auch sie ermordet. Darauf erschien eine Schar von tausend Engeln, die die Hunnen in die Flucht schlugen. Zum Dank für die Befreiung errichteten die Kölner Bürger der tapferen Ursula eine Kirche, machten sie zu ihrer Schutzpatronin und nahmen sie sogar in ihr Stadtwappen auf. Im Mittelalter errichteten die Kölner ein Stift zu Ehren der legendären 11 000 Begleiterinnen – die Riesenzahl geht auf einen Lesefehler zurück.

Im 12. Jahrhundert fand man nahe der Ursulakirche eine Gräberstätte, in der man die Gebeine der heiligen Ursula und ihrer Gefährtinnen vermutete. Der in der Folge einsetzende Reliquienhandel nahm solche Ausmaße an, dass er von der Kirche verboten werden musste.

Darstellung Ursula wird meist in fürstlicher Kleidung dargestellt, oft den Mantel über ihre Gefährtinnen ausbreitend. Häufig sind eine Krone und ein Schiff ihre Attribute.

An Ursula bringt's Kraut herein,
sonst schneien Simon und Judas [28.10.] drein.

Ursula ist die Patronin der Tuchhändler, Lehrerinnen und Erzieherinnen sowie der Universitäten Paris und Coimbra. Geschätzt war sie auch als Helferin um eine gute Heirat.

Hl. Ursula, Fresko um 1380, Urschalling bei Prien, Obb.

Hl. Ursula mit den Jungfrauen auf dem Schiff, Fresko um 1380, St. Valentin, Tramin/Südtirol

31. Oktober

WOLFGANG

BISCHOF MIT DEM BEIL

Wolfgang ist der Schutzpatron der Diözese und Stadt Regensburg sowie der Holzfäller, Zimmerleute, Hirten und Schiffer und der Helfer bei Feuer und Unwetter.

Wolfgang wurde um 925 vermutlich in Pfullingen an den Hängen der Schwäbischen Alb geboren. Mit zehn Jahren kam der wissbegierige Junge in die Klosterschule auf der Insel Reichenau im Bodensee, eine der besten Schulen des Abendlandes. Nach dem Besuch der angesehenen Domschule in Würzburg wirkte er in Trier als Lehrer und später als Mitarbeiter in der kaiserlichen Pfalz von König Otto I.

Erst mit vierzig Jahren entschied sich Wolfgang für den geistlichen Stand und trat in das Kloster Maria Einsiedeln in der Schweiz ein. Hier empfing er vom Augsburger Bischof Ulrich die Priesterweihe. Dieser war es auch, der ihn für eine Missionstätigkeit gewann, die aber wegen seiner Sprachschwierigkeiten nicht erfolgreich war.

Hl. Wolfgang, 16. Jh., ehemalige Wallfahrtskirche St. Wolfgang bei Baumburg, Obb.

Eine neue Aufgabe tat sich für Wolfgang auf, als 972 der Regensburger Bischof starb. Auf Vorschlag des Passauer Bischofs Pilgrim machte ihn Kaiser Otto I. »mit Zustimmung von Klerus und Volk« zum neuen Bischof. Wolfgang reformierte die Klöster seiner Diözese und machte das Kloster St. Emmeram zu einem Zentrum der Bildung und Wissenschaft. Besonders am Herzen lag ihm die Pflege der Musik, deshalb gründete er den Domchor. Eine Entscheidung von historischer Dimension traf er, als er durch Abtretung von Regensburger Gebiet der Errichtung eines selbstständigen Bistums Prag zustimmte und so die Entwicklung einer böhmischen Kirche förderte.

Als es zum Streit zwischen Kaiser Otto II. und dem aufsässigen bayerischen Herzog Heinrich dem Zänker kam, musste Wolfgang ins Kloster Mondsee fliehen. Er zog sich in eine Höhle am Falkenstein zurück, wo ihn viele Menschen aufsuchten. Hier kam es auch zu dem legendären Beilwurf, mit dem ihm Gott sagen sollte, wo er sich niederlassen und eine Kapelle bauen sollte. Das »Hackl« soll vom Falkenstein bis nach St. Wolfgang geflogen sein, wo er den Grundstein für die erste Kirche legte. Im Jahr 994 starb Wolfgang auf einer Missionsreise durch Oberösterreich in Pupping. Seine Gebeine wurden nach Regensburg überführt und in der Krypta der Klosterkirche St. Emmeram bestattet.

In Österreich und Bayern erinnern viele Orte an Bischof Wolfgang. Ein Zentrum der Verehrung ist St. Wolfgang im Salzkammergut. Auch in Bayern stehen viele Kirchen unter seinem Patronat, so z. B. die Wallfahrtskirche St. Wolfgang bei Dorfen und die spätgotische Wolfgangskirche in Pipping am Stadtrand von München.

St. Wolfgang Regen verspricht ein Jahr voll Segen.

Darstellung Wolfgang wird meist als Bischof oder Mönch dargestellt. Seine Attribute sind ein Kirchenmodell, ein Stab und ein Beil.

HUBERT
FREUND DER JÄGER

Hubert wird als Patron der Jäger, Schützen, Metzger, Mathematiker und Optiker und als Helfer gegen Hunde- und Schlangenbiss verehrt.

Hubert kam vermutlich um das Jahr 655 in Frankreich als Sohn einer vornehmen fränkischen Familie auf die Welt und war verwandt mit Pippin II., dem Hausmeier des Frankenreiches. Als junger Mann lebte Hubert am Hof Theoderichs III. in Paris, der ihn zum Pfalzgrafen bestellte. Als er dort fliehen musste, ging er an den Hof Pippins, wo er Bischof Lambert von Maastricht kennenlernte. Nach dem Tod seiner Ehefrau zog Hubert sich von allen Ämtern zurück und ging in die Einsamkeit der Wälder in den Ardennen, wurde aber bald schon als Bischof nach Maastricht geholt. Wegen der Gefahren, die dem Bistum durch die Normannen drohten, verlegte Hubert 717 seinen Bischofssitz nach Lüttich. Dorthin übertrug er auch die Reliquien seines Vorgängers Lambert, der den Märtyrertod gestorben war. Als Bischof missionierte er in den Ardennen und erbaute viele Kirchen. Hubert starb 727 in der Nähe von Brüssel. Seine Gebeine kamen nach St. Hubert in den Ardennen, verschwanden aber in den Wirren der Reformationszeit.

Um das Leben des belgischen Glaubensboten ranken sich manche Legenden. Danach hatte Hubert sich nach dem Tod seiner Ehefrau voller Gram in die Wälder zurückgezogen und versucht, seinen Schmerz durch die Jagd zu lindern. Eines Tages jedoch erschien ihm im Wald ein Hirsch, dessen Geweih von einem leuchtenden Kreuz gekrönt war. Daraufhin beschloss er, sein Leben Gott zu weihen, und wurde Priester.

Darstellung Bilder zeigen Hubert als Bischof, meistens aber als Jäger mit einem Hirsch, in dessen Geweih ein Kreuz leuchtet.
Brauchtum Am Hubertustag beginnt nach altem Brauch die Jagdsaison. Die Hubertusjagd erfreut sich bei Jägern großer Beliebtheit, vielerorts finden Hubertusmessen zu Ehren des Heiligen statt.

Rechts: Hl. Hubert, Landesmuseum für Jagd und Fischerei, Schloss Wolfthurn, Mareit/Südtirol

Links: Hl. Hubert, Hinterglasbild von W. Schober, Hinterglasmuseum, Sandl, Mühlviertel/Oberösterreich

RUPERT MAYER

MUTIGER BEKENNER IN DUNKLER ZEIT

P. Rupert Mayer wird bei persönlichen Problemen aller Art angerufen. Als Patron verehren ihn die Marianische Männerkongregation und der Caritasverband der Erzdiözese München und Freising.

Rupert Mayer zählt zwar »nur« zu den Seligen, nicht wenige sehen in ihm jedoch bereits einen Heiligen. Sie verehren ihn als einen Mann, der mit großem Bekennermut dem Unrechtsregime des Dritten Reiches widerstanden hat.

Rupert Mayer wurde 1876 in Stuttgart geboren und studierte Theologie. Nach seiner Priesterweihe 1899 trat er in den Jesuitenorden ein. Wegen seiner außergewöhnlichen Begabung als Prediger wurde er mit der Durchführung von Volksmissionen in Deutschland, Österreich, Schweiz und den Niederlanden beauftragt. Im Ersten Weltkrieg stand er als Feldgeistlicher persönlich an der Front und betreute Soldaten, bis ihm 1916 nach einer schweren Verletzung das linke Bein abgenommen werden musste.

Gebet von P. Rupert Mayer

Herr, wie Du willst, soll mir gescheh'n,
und wie Du willst, so will ich geh'n.
Hilf Deinen Willen nur versteh'n.

Jesuitenkirche St. Michael und ehemaliges Jesuitenkolleg, München

1921 berief ihn der Münchner Kardinal Michael von Faulhaber zum Großstadtseelsorger, eine Aufgabe, in der Rupert Mayer unzähligen Menschen in materieller Not helfen konnte. Was den Jesuiten stets besonders auszeichnete, war die Klarheit des Denkens in seinen Predigten, gerade in der Zeit des Dritten Reiches. Unerschrocken griff er von der Kanzel die nationalsozialistischen Machthaber an, und das, obwohl er wusste, dass er überwacht wurde. 1937 erhielt er Rede- und Predigtverbot, wenige Tage später wurde er verhaftet, und man stellte ihn wegen seiner Predigertätigkeit vor ein Sondergericht. Im Januar 1938 wurde er abermals verhaftet und in das Gefängnis in Landsberg am Lech gebracht. Nach einer kurzzeitigen Amnestie wurde er im November 1939 ins KZ Sachsenhausen deportiert. Wegen seines Gesundheitszustandes verlegte man ihn in das Kloster Ettal, wo ihm jeglicher Kontakt mit der Außenwelt untersagt war. Krank und geschwächt kehrte er gleich nach Kriegsende, im Mai 1945, nach München zurück, zermürbt von der langen Haftzeit. Am Allerheiligentag 1945 erlitt er bei einer Predigt einen Schwächeanfall und verstarb noch am selben Tag.

Sel. P. Rupert Mayer, Bronzebüste von Barbara von Kalckreuth, Bürgersaalkirche München

Verehrung Das Grab des beliebten Priesters auf dem Pullacher Jesuitenfriedhof wurde von so vielen Menschen besucht, dass man sich 1948 entschloss, es in die Unterkirche der Münchner Bürgersaalkirche zu verlegen. Dort wird es jeden Tag von unzähligen Menschen aller Altersschichten aufgesucht, die hier am Grab des unerschrockenen Priesters zu einem stillen Gebet verweilen. Rupert Mayer, der vorbildliche Mensch und Priester, wurde am 3. Mai 1987 von Papst Johannes Paul II. im Münchner Olympiastadion seliggesprochen.

6. November

LEONHARD

»BAYERISCHER HERRGOTT«

Leonhard ist der Patron der Bauern und des Viehs, der Fuhrleute und Gefangenen.

Der Überlieferung nach wurde St. Leonhard um das Jahr 500 in Frankreich als Sohn einer adligen Familie geboren und von Remigius, dem Erzbischof von Reims, getauft. In Reims besuchte er die Domschule. Als junger Mann ließ er sich als Einsiedler im heutigen St.-Léonard-de-Noblat nahe der Stadt Limoges nieder.

Um Leonhards Leben ranken sich viele Legenden. So soll er der Königin, die auf der Jagd von Wehen überrascht wurde, bei der Geburt ihres Sohnes durch sein Gebet beigestanden haben. Als der König ihn für diese Fürbitte reich

Sankt Leonhard, steh du uns bei

2. Die Menschen kamen gern zu dir in allen ihren Nöten:
In Krankheit und Gefangenschaft wurd deine Hilf erbeten.
Du hast geheilet Mensch und Tier,
die Armen fanden Hilf bei dir.
Ach bitt für uns den lieben Gott,
dass er uns helf aus aller Not.

3. Gott hat erschaffen diese Welt und hat sie uns gegeben.
Sankt Leonhard, steh du uns bei, dass sorgsam wir hier leben.
Beschütz die Pferde und das Vieh,
dass alles Leben wachs und blüh.
Dem Schöpfer singt mit Dankbarkeit
ein Loblied in all Ewigkeit!

Tradition: *Heiligenlied Slg. Scheierling 1987, von Deutschen aus der Nordbatschka, 20. Jh.*
Neufassung: *Neuer Text EBES/VMA 1990.*

beschenken wollte, lehnte er ab und wollte nur ein Stück Wald haben – so groß, dass er es in einer Nacht mit dem Esel umreiten könne. Mitten im Wald erbaute sich Leonhard dann ein Kloster, in dem er mit zwei Mitbrüdern lebte und von vielen Ratsuchenden und Verzweifelten aufgesucht wurde.

Die Anfänge der Verehrung des heiligen Leonhard reichen bis ins 11. Jahrhundert zurück. Von Frankreich gelangte sie nach Deutschland, und schon im 12. Jahrhundert entwickelte sich das kleine Dorf Inchenhofen bei Aichach zu einem Zentrum der Leonhardi-Verehrung. Dies war vor allem das Verdienst der Zisterziensermönche aus dem nahen Fürstenfeld, zu dem das Priorat in Inchenhofen gehörte. Bereits 1343 erschien hier das erste Mirakelbuch, in dem Gebetserhörungen festgehalten wurden. Im späten Mittelalter wurde Inchenhofen neben Jerusalem, Rom und Santiago de Compostela sogar zum viertgrößten christlichen Wallfahrtsort. In der barocken Pfarrkirche von Inchenhofen zeigt ein großes Deckenfresko aus der Barockzeit Szenen aus dem Leben des Heiligen.

Besonderes Vertrauen zu dem weisen Mann in der Klause im Wald hatten Gefangene, für deren Freilassung er sich beim König einsetzte. So wurde er schon zu Lebzeiten zum Schutzpatron der Gefangenen.

Bemalter Truhenwagen, Leonhardifahrt Benediktbeuern, Obb.

Im 16. Jahrhundert wurde die Gefangenenkette als Viehkette umgedeutet und Leonhard zum Vieh- und Bauernheiligen erklärt. Deshalb brachten die Bauern ihm in Sorge um ihr Vieh Unmengen von eisernen Ketten und Hufeisen als Votivgaben, die an den Innen- und Außenwänden der Leonhardikirchen aufgehängt wurden. Eine große Kette umspannt die niederbayerische Wallfahrtskirche Ganacker und die Leonhardikapelle auf dem Kalvarienberg in Bad Tölz. So wurde Leonhard zum »Kettenheiligen«.

Darstellung Darstellungen zeigen Leonhard als Mönch mit Abtstab und Kette, ein Hinweis auf sein Patronat der Gefangenen.

Brauchtum An vielen Orten in Bayern entstanden zu Ehren des Viehpatrons an seinem Namensfest Leonhardifahrten, z. B. in Bad Tölz, Benediktbeuern, Nussdorf im Inntal, Inchenhofen, Fürstenfeldbruck und Aigen am Inn. Dabei erhalten die Reiter zusammen mit ihren festlich geschmückten Pferden bei einer Leonhardikirche den Segen.Eine Leonhardifahrt ist immer ein herausragendes Ereignis im Bauernjahr. Zur Feierlichkeit tragen auch die bemalten Truhenwagen bei, in denen Mädchen und Frauen Platz nehmen, sowie die traditionellen Trachten, die eine Leonhardifahrt zu einem großen Fest zu Ehren des »Bayerischen Herrgotts« werden lassen.

An deinem hohen Feste,
o heiliger Leonhard,
schmückt alles sich aufs beste
zur hohen Kirchenfahrt.
Gib Segen unsern Pferden,
beschirme Hof und Haus.
Auf Fluren und auf Herden
gieß deinen Segen aus.
(Gebet aus Niederbayern)

O Heiliger Leonhardi, wir rufen di an,
Sei unser Beschützer und Viecher-Patron.
O heiliger Leonhardi, wir rufen di an,
geh nimm uns glei alle für deine Kinder an.
(Altes Volkslied)

MARTIN
SCHUTZPATRON DER ARMEN

Martins Grab in Tours wurde zum fränkischen Nationalheiligtum. Der Frankenkönig Chlodwig machte Martin zum Nationalheiligen und Schutzherrn der fränkischen Könige. Schon bald nach seinem Tod entstanden in Frankreich und Deutschland zahlreiche Martinskirchen. So wurde auch der Mainzer Dom unter sein Patronat gestellt.

Viele Berufsstände erklärten den Heiligen zu ihrem Patron: die Soldaten, Reiter, Weber und Schneider, die Bauern, Winzer und Gastwirte, die Bettler, Gefangenen und Hirten. Unter seinen Schutz stellte man auch die Pferde und Haustiere.

Martin ist bis heute einer der beliebtesten Heiligen, obwohl er vor 1600 Jahren gelebt hat. Er wurde 316/317 in Pavia geboren und wuchs als Sohn eines römischen Tribuns in Pannonien im heutigen Ungarn auf. Mit 15 Jahren trat er auf Wunsch des Vaters in den Militärdienst ein und diente in der berittenen Garde von Kaiser Konstantin II. in Gallien.

Als er der Legende nach an einem kalten Winterabend hoch zu Ross am Stadttor von Amiens die Wachen kontrollierte, entdeckte er einen am Boden kauernden Bettler. Da er weder Geld noch Essen bei sich hatte, teilte er kurz entschlossen mit dem Schwert seinen Mantel in zwei Teile und warf dem Frierenden eine Hälfte zu. In der folgenden Nacht träumte Martin, dass der Bettler Jesus war.

Mit 18 Jahren verließ er die Armee und empfing von Bischof Hilarius von Poitiers die Taufe. Nach einem misslungenen Versuch, in seiner pannonischen Heimat die Irrlehren der Arianer zu bekämpfen, zog er sich auf eine einsame Insel bei Genua als Einsiedler zurück. Doch schon bald holte ihn Bischof Hilarius nach Gallien, wo er sich mit Gleichgesinnten in Ligugé in der Nähe von Poitiers in einer Einsiedlerzelle niederließ, die zu einem der ersten Klöster des Abendlandes wurde. Als Hilarius starb, bestimmte das Volk den einfachen Mönch trotz großer Widerstände im Klerus zu seinem Nachfolger als Bischof in Tours, was er zunächst zu verhindern suchte. Der Legende nach verrieten ihn Gänse, in deren Stall er sich versteckte, mit ihrem Geschnatter. Nun konnte er sich der Berufung nicht mehr entziehen.

Im Jahre 372 wurde Martin zum Bischof von Tours geweiht, lebte aber in seinem neuen Amt weiterhin in strenger Askese. Deshalb erbaute er 375 in der Nähe der Stadt auf einem steilen Felsen das Kloster Marmoutier, das zum Vorbild für das abendländische Mönchtum und schließlich zu einem religiösen Zentrum in Gallien wurde.

Nach der Überlieferung vollbrachte Martin zahlreiche Wundertaten, vor allem Krankenheilungen. Auf einer seiner vielen Seelsorgereisen, die ihn auch nach Paris und Trier führten, ereilte ihn am 8. November 397 der Tod in dem Städtchen Candes in der Nähe von Tours. Am 11. November wurde Martin in Tours unter größter Anteilnahme der Bevölkerung beigesetzt. Schon nach seinem Tod wurde der beliebte Bischof vom Volk als Heiliger verehrt, obwohl er nicht als Märtyrer starb.

Darstellung Abbildungen zeigen Martin als römischen Soldaten auf einem Pferd, seinen Mantel mit dem Schwert für einen Bettler zu seinen Füßen teilend. Erkennen kann man ihn auch an einer Gans, die ihm als Attribut beigegeben wird.
Brauchtum Mit dem Namensfest des Heiligen verbinden wir die Martinsgans, die an seinem Namensfest auf den Tisch kommt. Dieser Brauch geht wohl weniger auf

Sankt Martin, dem teuren Gottesmann

2. Barmherzig er des Armen,
in Winterzeit so kalt,
vor Lieb tat sich erbarmen,
gab ihm den Mantel halb.

3. Bald Christus ihm erschiene
wohl in der selben Nacht,
als hätt er selbsten ihme
das selbig Kleid gebracht.

4. Sankt Martin, das uns gebe
jetzt und in aller Not,
dass wir nach deinem Leben
gefallen mögen Gott.

Tradition: *Notenblatt Slg. Riedl/Klier 1958, 20. Jh.; ähnlich "Corners Gesangbuch" (Nürnberg 1631).* ***Neufassung:*** *Textüberarbeitung EBES/VMA 1990.*

die bekannte Legende zurück als vielmehr auf die Bedeutung des Martinstages als Zahl-, Zins- und Pachttag: An diesem Tag mussten die Bauern früher ihren Pachtherren Naturalien abliefern.

Zu Martini erhielten auch die Hirten von ihren Bauern den Jahreslohn. Zum Dank übergaben sie ihnen eine Martinsgerte, einen langen Birkenzweig.

Die Kinder in Stadt und Land freuen sich auf abendliche Lichterumzüge, bei denen Martinslieder gesungen werden. Angeführt werden die Umzüge, die ihren Ursprung im Rheinland und in Schlesien haben, von St. Martin als Bischof oder Soldat hoch zu Pferd. Der Höhepunkt ist stets die Mantelteilung.

An Martini Sonnenschein
tritt ein kalter Winter ein.

Hat Martini einen weißen Bart,
wird der Winter lang und hart.

St. Martin kommt nach alter Sitten
gern auf einem Schimmel geritten.

Hl. Martin um 1620, Wallfahrtskirche Inchenhofen, Schw.

ALBERT DER GROSSE

MÖNCH UND GELEHRTER

Albertus Magnus ist ein moderner Heiliger, der als Schutzpatron der Naturwissenschaftler, Theologen und Studenten verehrt wird.

Alberts Wurzeln liegen in Bayern. Im Jahr 1193 als Sohn eines Ritters in der schwäbischen Stadt Lauingen an der Donau geboren, trat er 1223 in den jungen Orden der Dominikaner ein und studierte Theologie. Wegen seiner außergewöhnlichen Begabung wurde er schon bald Lehrer an den Ordensschulen in Hildesheim, Freiburg, Straßburg, Regensburg und Köln. Fünf Jahre studierte er an der Universität Paris, wo der bedeutende Theologe Thomas von Aquin einer seiner Schüler war. Überall staunte man über den körperlich kleinen Ordensmann, der über das umfangsreichste Wissen seiner Zeit verfügte.

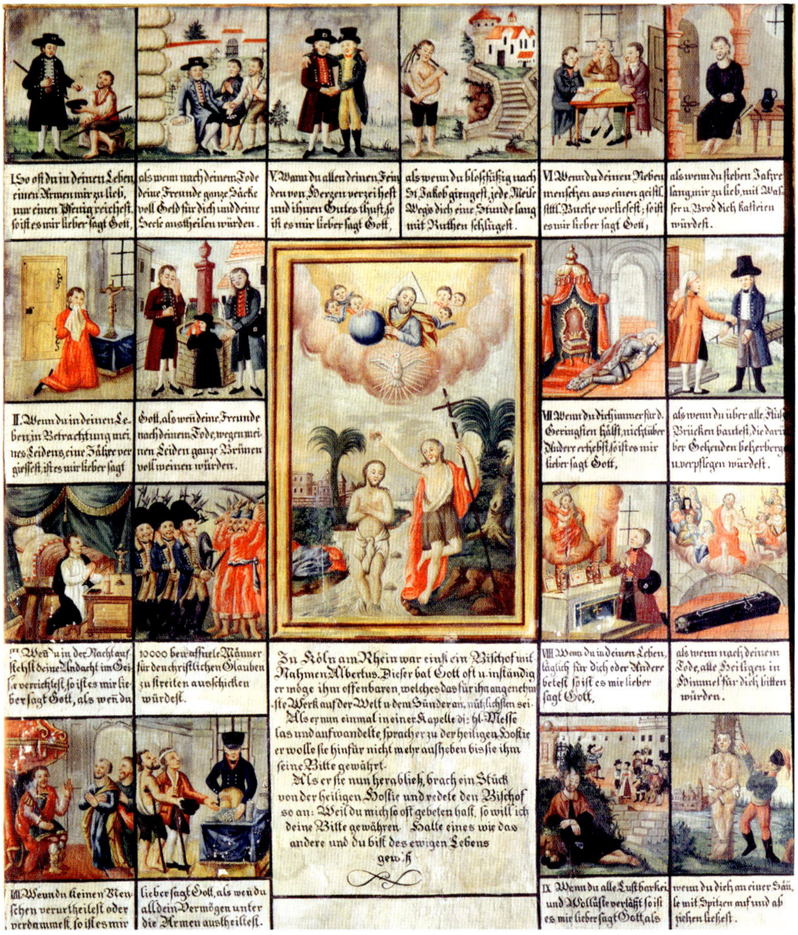

Albertitafel, 18. Jh., Wallfahrtskirche Mühlberg bei Waging, Obb.

Hl. Albert, Pfarrkirche St. Leonhard, Ramerberg, Obb.

Auf Drängen des Papstes übernahm Albert das Bistum Regensburg. Trotz großer eigener Bedenken und gegen den Widerstand seiner Ordensleitung ließ er sich 1260 zum Bischof weihen. Unzufrieden legte er nach zwei Jahren sein bischöfliches Amt wieder nieder und trat als Kreuzzugsprediger auf. Nach einer mehrjährigen Lehrtätigkeit zog sich Albert 1269 in das Dominikanerkloster in Köln zurück. Hier traf ihn in den letzten Jahren seines Lebens ein hartes Schicksal: Er konnte nicht mehr sprechen. Am 15. November 1280 starb der zum Schweigen verurteilte Gelehrte in Köln. Seine Gebeine ruhen heute in der Krypta der Kirche St. Andreas in der Domstadt.

Albert war eine der herausragenden Gestalten des mittelalterlichen Geisteslebens und einer der größten Theologen, Philosophen und Naturwissenschaftler seiner Zeit. Während die Menschen noch an Zauberei und magische Kräfte glaubten, widmete er sich bereits den Naturwissenschaften, der Astronomie, Zoologie, Meteorologie, Physik und Chemie. Schon zu Lebzeiten wurden ihm daher die Ehrenamen »doctor universalis« und »magnus« (der Große) verliehen. Trotz seiner epochalen Leistungen wurde er erst 1931 von Papst Pius IX. heiliggesprochen und zum Kirchenlehrer erklärt.

Darstellung Bilder zeigen Albertus als Mönch mit weißer Kutte oder als Bischof mit einem Buch oder einer Schreibfeder.

Volkskunst Die Verehrung des Heiligen hat auch Eingang in die religiöse Volkskunst gefunden. In Altbayern und im Alpenraum waren in der Barockzeit Albertitafeln sehr beliebt, die Ähnlichkeit mit Votivbildern haben. In der Mitte der Albertitafeln ist stets ein Bild des Heiligen, umrahmt von Sprüchen und kleinen Bildern aus seinem Leben. In der Aufklärungszeit des 19. Jahrhunderts gingen die meisten Bildtafeln verloren, wenige Exemplare sind noch in Heimatmuseen zu finden.

MARINUS UND ANIANUS
EINSIEDLER VOM IRSCHENBERG

Hl. Marinus und Anianus, Fresko um 1759, Alb am Irschenberg, Obb.

Marinus und Anianus werden in vielen Notlagen als Helfer angerufen.

Im oberbayerischen Wilparting, dem idyllisch gelegenen Weiler am Irschenberg mit Blick auf den Wendelstein, werden bis heute zwei Glaubensboten aus der Frühzeit der bayerischen Geschichte verehrt. Nach einer historisch nicht belegbaren Überlieferung pilgerten Marinus und sein Neffe Anianus im Jahr 656 aus ihrer irischen Heimat nach Rom. Dort wurde Marinus vom Papst zum Bischof und Anianus zum Diakon geweiht. Von der Ewigen Stadt zogen sie nach Bayern und ließen sich in den einsamen Wäldern um den Irschenberg bei Miesbach nieder, wo sie vierzig Jahre als Einsiedler lebten. Am 15. November 697 wurde Marinus auf dem Scheiterhaufen verbrannt, und am selben Tag soll auch Anianus gestorben sein.

Doch nicht nur die Herkunft der beiden Männer, auch ihre Namen sind nicht gesichert. Man geht heute davon aus, dass diese weniger für eine irische als vielmehr für eine romanische Abstammung aus dem Frankenreich sprechen. Aber trotz fehlender historischer Belege wurden die beiden bald als Märtyrer verehrt. In einer Urkunde aus dem 12. Jahrhundert werden sie neben dem heiligen Petrus als Patrone des Klosters Rott am Inn genannt. 1373 weihte der Freisinger Bischof in Alb, wo Arianus sich aufgehalten hatte, eine Kapelle. In Wilparting errichtete das Kloster Rott im 15. Jahrhundert ein Hochgrab mit einem Marmorrelief der beiden Heiligen. Der Grabinschrift zufolge wurden die Gebeine von Marinus und Anianus allerdings in das Kloster überführt. In der barocken Klosterkirche, von Johann Michael Fischer von 1759 bis 1763 erbaut, zeigt ein Deckenfresko des bekannten Malers Matthäus Günther den Tod der beiden Heiligen.

Hl. Marinus und Anianus, Votivbild 1822, Wilparting, Obb.

Als 1672 die Kirchenglocken in Wilparting von ganz allein zu läuten begannen, lebte die Verehrung der beiden Einsiedler auf dem Irschenberg wieder auf. Es entstand eine Wallfahrt, jeweils am 15. November. Um Zweifel an der tatsächlichen Grabstätte von Marinus und Anianus zu beseitigen, wurde das Hochgrab in der Vergangenheit mehrmals geöffnet, zuletzt 1933 und 1938. Beide Untersuchungen bestätigten die Echtheit der in Wilparting gefundenen Reliquien.

Darstellung Bilder zeigen Marinus in bischöflichem Ornat mit Buch und Stab, Anianus in Diakonsgewand mit Buch.

Brauchtum Bis heute wird in Wilparting der »Mareistag« mit Gottesdiensten und einem anschließenden geselligen Beisammensein gefeiert. An diesem Tag kommen neuerdings auch die Ständigen Diakone der Erzdiözese München und Freising zum Grab dieser eher unbekannten Heiligen aus der Anfangszeit des Christentums in Bayern.

Wallfahrtskirche St. Marinus und Anianus, Wilparting am Irschenberg, Obb.

ELISABETH

VORBILD DER NÄCHSTENLIEBE

Elisabeth ist Patronin der Armen, Kranken und Sterbenden sowie der Bäcker. Sie ist auch die Schutzfrau von Ungarn und Thüringen sowie des Deutschen Ordens, des Dritten Ordens der Franziskaner und vieler Wohltätigkeitsvereine.

Links: Hl. Elisabeth, Andachtsbild um 1900

Rechts: Hl. Elisabeth, Abschied von ihrem Mann, der zum Kreuzzug aufbricht, Stahlstich 19. Jh.

Elisabeth wurde 1207 auf einer Burg als Tochter des ungarischen Königs Andreas II. und seiner Gemahlin Gertrud geboren, die aus dem Grafengeschlecht Andechs-Meran stammte. Die damals übliche Heiratsdiplomatie bestimmte für sie schon mit vier Jahren die Ehe mit dem thüringischen Landgrafensohn Ludwig IV. Noch als Kind musste sie ihre ungarische Heimat verlassen und kam, ausgestattet mit einer reichen Mitgift, auf die Wartburg in Thüringen, wo sie ihrer künftigen Schwiegermutter zur Erziehung übergeben wurde.

Mit erst 14 Jahren wurde Elisabeth mit Ludwig vermählt. Es war eine glückliche Ehe, aus der drei Kinder hervorgingen. Neben der Liebe für ihre Familie galt ihre ganze Fürsorge den Armen. Regelmäßig stieg sie von der Wartburg hinunter in die Armenviertel von Eisenach und half den Bedürftigen. Ihr soziales Wirken und unhöfisches Leben erregten aber den Zorn der gräflichen Familie, die ihr Verschwendung vorwarf. Ihr Ehemann bestärkte sie aber in ihrem karitativen Wirken.

Elisabeths Situation änderte sich grundlegend, als ihr Mann 1227 auf einem Kreuzzug in Otranto bei Brindisi in Apulien an der Pest starb. Nun war sie den Anfeindungen der Verwandten schutzlos ausgeliefert. Ihr Schwager Heinrich vertrieb sie von der Wartburg und beraubte sie aller Witwengüter. Elisabeth, die jetzt mit ihren Kindern mittellos war, fand zunächst Unterschlupf bei ihrer Tante, der Äbtissin Mechthild von Kitzingen, und dann bei ihrem Onkel Bischof Ekbert von Bamberg, der sie auf die Burg Pottenstein brachte. Die letzten Jahre ihres kurzen Lebens verbrachte sie in Marburg an der Lahn, wo sie ein Spital gründete. Hier verzehrte sie sich im Dienst für die Ärmsten und starb 1231. Bereits vier Jahre nach ihrem Tod wurde Elisabeth heiliggesprochen. Ihre Gebeine wurden in die Elisabethkirche in Marburg gebracht. In den Wirren der Reformationszeit gelangten Teile ihrer Reliquien auch an andere Orte. Ihr Haupt ruht in Wien, eine Armreliquie ist in Trier. Ihr prächtiger Sarkophag in der Marburger Elisabethkirche ist leer.

Wartburg bei Eisenach, Thüringen

Darstellung Abbildungen zeigen Elisabeth meist mit einer Krone und einem Korb mit Brot und Früchten, oft mit einem Bettler zu ihren Füßen.
Um Elisabeths Leben ranken sich viele Legenden. Am bekanntesten ist jene vom Rosenwunder: Als Elisabeth wieder zu den Armen ging, stellte ihr missgünstiger Schwager sie zur Rede. Auf seine Frage, was sie in ihrem Korb trage, antwortete sie: »Rosen!« Als der Schwager den Korb öffnete, waren wirklich Rosen darin.

St. Elisabeth zeigt an, was der Winter für ein Mann.

KORBINIAN

ERSTER BISCHOF IN FREISING

Korbinian ist der Schutzpatron des Freisinger Domes und der erste Diözesanpatron der Erzdiözese München und Freising. Viele Kirchen stehen unter seinem Patronat. Zum Korbinianstag findet alljährlich zu seinem Grab eine Jugendwallfahrt statt.

Dom Maria Geburt und St. Korbinian, Freising, Obb.

Korbinian ist einer der wichtigsten Glaubensboten aus der Frühzeit des Christentums in Bayern. Er wurde um 680 in der Nähe von Paris geboren. Nach dem frühen Tod seines Vaters nahm er den Namen seiner irischen Mutter Corbiniana an. Er soll schon als Kind scheu gewesen sein und wollte gern allein leben, deshalb zog er sich vierzehn Jahre lang in die Einsamkeit zurück. Dies änderte sich, als er mit 30 Jahren zu Fuß zu einer Wallfahrt nach Rom aufbrach, wo er vom Papst empfangen, zum Priester und Bischof geweiht und aufgefordert wurde, sein Eremitendasein aufzugeben und als Missionar in seine Heimat Gallien zurückzukehren.

Als Korbinian nach sieben Jahren abermals nach Rom aufbrach, gelangte er an den Hof von Herzog Theodo in Regensburg, der ihn zum Bleiben drängte. Er aber wollte, trotz reicher Geschenke, seinen Plan nicht ändern und zog weiter in die Ewige Stadt. Auf dem Weg, so berichtet eine Legende, riss während einer nächtli-

Hl. Korbinian, Fresko von M. Günther, 1744, ehemaliges Augustiner-Chorherrenstift Rottenbuch, Obb.

chen Rast ein Bär sein Lasttier. Erbost befahl Korbinian seinem Diener, dem Bären als Strafe das Gepäck aufzuladen. Fortan musste dieser die Last des Pferdes tragen. In Rom angekommen, lehnte der Papst Korbinians Wunsch nach einem zurückgezogenen Leben ab und schickte ihn in seine gallische Heimat zurück. Auf dem Rückweg erwartete in Mais bei Meran Korbinian jedoch der bayerische Herzogssohn Grimoald, der ihn aufforderte, sich in Freising als Bischof niederzulassen.

Korbinian war seit 723 der erste Bischof in Freising. Mit Mönchen ließ er sich bei der Marienkirche auf dem heutigen Domberg nieder. Auf dem gegenüberliegenden Stephanusberg (heute Weihenstephan) errichtete er ein Kloster. Als er dem jungen Herzog Grimoald wegen dessen Heirat mit der Frau seines verstorbenen Bruders Vorhaltungen machte und Mordpläne gegen ihn bekannt wurden, floh er mit seinen Mitbrüdern zum Kloster Kuens bei Meran in Südtirol und wirkte dort einige Jahre. Erst nach dem Tod des Herzogs kehrte er nach Freising zurück, freundlich begrüßt vom neuen Herzog Hugbert.

Korbiniansschrein, Dom Maria Geburt und St. Korbinian, Freising, Obb.

Um das Jahr 730 starb Korbinian im Kloster Weihenstephan. Seinem Wunsch entsprechend wurde sein Leichnam nach Kuens bei Meran überführt und neben dem heiligen Valentin beigesetzt. Auf Drängen von Bischof Arbeo wurden seine Reliquien jedoch 768 feierlich durch Herzog Tassilo nach Freising zurückgebracht. Hier ruhen sie in der Domkrypta in einem großen Schrein.

Darstellung Abbildungen zeigen Korbinian als Bischof, meist mit einem Bären. Besonders bekannt ist das Bild mit der Darstellung des Bärenwunders von Jan Polack von 1489, heute im Freisinger Diözesanmuseum.

Korbinianslied
Deiner hohen Herrlichkeit lass den Preis uns singen, großer Bischof Sankt Korbinian! Sieh das Land das dir geweiht, überströmt in Freuden hier: Nimm sein Loblied an! (Marie-Luise Thurmair)

Hl. Korbinian von Franz Xaver Schmädl, 1745, ehemalige Klosterkirche Dietramszell, Obb.

CÄCILIA
PATRONIN DER KIRCHENMUSIK

Cäcilia ist Schutzpatronin der Kirchenmusik und der Kirchenmusiker, der Orgelbauer, Instrumentenmacher, Sänger und Dichter.

Cäcilia ist eine sehr beliebte Heilige, deren Leben aber nur in Legenden überliefert ist, die das Bild einer Christin aus der Zeit der Christenverfolgungen zeichnen. Demnach ließ sich Cäcilia zusammen mit ihrem zukünftigen Ehemann Valerianus und dessen Bruder Tiburtius taufen. Valerianus kümmerte sich besonders um die Bestattung der Christen, die der Verfolgung zum Opfer gefallen waren. Als Cäcilias Übertritt zum Christentum bekannt wurde, versuchte man sie in ihrer Villa im römischen Trastevere zu ersticken. Als dies misslang, wurde sie im Jahr 190 enthauptet.

Der Überlieferung nach wurde Cäcilia im Jahr 225 in der Calixtus-Katakombe in Rom in einem Sarkophag beigesetzt. 600 Jahre später ließ Papst Paschalis I. ihren Leichnam in die Kirche S. Cecilia in Trastevere übertragen. Als man 1599 den Sarkophag öffnete, soll man ihren Leib so vorgefunden haben, wie er einst bestattet wurde. Der große Barockkünstler Stefano Maderna schuf im 17. Jahrhundert eine lebensgroße Marmorfigur für ihr Grab.

Darstellung Im Mittelalter wurde Cäcilia als Märtyrerin dargestellt, seit dem 15. Jahrhundert mit Rosen und Musikinstrumenten (Orgel und Geige). In vielen Ländern gibt es Cäcilienvereine zur Förderung der Kirchenmusik. An ihrem Namensfest finden an manchen Orten Kirchenkonzerte statt. Die »Cäcilienmesse« ist das bekannteste kirchenmusikalische Werk von Charles Gounod.

Hl. Cäcilia, Aufnahme in den Himmel, Ölbild, 19.Jh., Dominikanerkloster St. Kajetan, München

25. November

KATHARINA
NOTHELFERIN AUS ALEXANDRIA

Katharina wurde als Schutzpatronin der Mädchen und Ehefrauen, der Philosophen, Theologen, Gelehrten, Lehrer und Studenten sowie der Wagner, Müller, Töpfer, Seiler und Schiffer verehrt. Außerdem ist sie Patronin der Universitäten von Paris und Ingolstadt sowie von Hochschulen und Krankenhäusern.

Katharina gehört zum Kreis der beliebten vierzehn Nothelfer und gilt als mächtige Helferin in vielen Nöten. So wurde sie bei Zungenleiden angerufen, Stotterer und selbst Stumme erhofften sich von ihr Heilung. Der Volksmund zählt sie zusammen mit Barbara und Margarete zu den »drei heiligen Madln«.

Obwohl ihre Existenz historisch nicht belegt ist, ist Katharina von Alexandrien eine der beliebtesten Heiligen im Jahreskreis. Ihr Leben ist von vielen Legenden umrankt. So soll sie eine Tochter des Königs von Zypern und sehr schön gewesen sein, weshalb ihr der Sohn des Kaisers einen Heiratsantrag machte, den sie aber ablehnte. Als der römische Kaiser Maxentius Christen zum Tode verurteilte, trat sie ihm als mutige Christin entgegen und forderte ihn auf, sich auch taufen zu lassen. In einer öffentlichen Diskussion gelang es dem hochgebildeten Mädchen, die fünfzig besten Gelehrten des Kaisers für das Christentum zu begeistern, die dieser daraufhin verbrennen ließ.

Katharina wurde nun eingesperrt, mit Ruten geschlagen, gerädert und, als das Rad zerbrach, enthauptet. Das geschah um das Jahr 306. Nach einer Legende floss aus ihren Wunden Milch statt Blut. Engel brachten ihre Gebeine zum Berg Sinai. Zu Ehren der Heiligen ließ Kaiser Justinian hier ein Kloster errichten, das berühmte Katharinenkloster, bis heute Ziel vieler Besucher aus aller Welt.

In Rom entdeckte man 1948 in einer Katakombe ein Fresko aus dem 8. Jahrhundert, auf dem unter einem Bild »sancta Catharina« steht. Es ist dies der früheste Nachweis der Katharinenverehrung im Abendland. Zentren des Katharinenkultes waren im 11. Jahrhundert die Benediktinerklöster von Monte Cassino und St. Gallen. Kreuzfahrer brachten Reliquien der Heiligen nach Frankreich.

Katharinenkloster am Berg Sinai, Ägypten

Hl. Katharina, Glasfenster, Pfarrkirche St. Georg, Amberg, Opf.

Wie St. Kathrein wird's Neujahr sein.

Stein mit Rad verziert, Katharinenkloster, Sinaihalbinsel, Ägypten, besiedelt seit 3. Jh. n. Chr.

Darstellung Viele Künstler haben die legendäre Katharina dargestellt, meist mit einem zerbrochenen Rad als Attribut.

Brauchtum Das Namensfest der heiligen Katharina in den letzten Novembertagen war im Bauernjahr stets ein viel beachtetes Datum. An diesem Tag ging die Weidezeit endgültig zu Ende und die Jugend schwang ein letztes Mal vor dem Advent das Tanzbein. Im Volksmund hieß es: »Kathrein stellt den Tanz ein.«

30. November

ANDREAS

MÄRTYRER AUF DEM SCHRÄGEN KREUZ

Andreas ist Patron der griechisch-orthodoxen und russisch-orthodoxen Kirche sowie von Russland, Griechenland, Schottland, Spanien und Sizilien. Als Schutzpatron verehren ihn die Fischer, Metzger und Bergleute.

Andreas gehörte zum Kreis der zwölf Apostel. Zusammen mit seinem Bruder Simon, der später Petrus hieß, schloss er sich schon frühzeitig Jesus an. Beide lebten als Fischer am See Genezareth und gaben ihre Tätigkeit auf, um Jesus zu folgen. Andreas trat wegen seiner Bescheidenheit allerdings nie besonders in Erscheinung und verfasste kein Evangelium wie Markus, Matthäus, Lukas und Johannes. Er zählte aber zu den treuesten Jüngern des Herrn und war bei der wunderbaren Brotvermehrung am See Tiberias, beim Einzug Jesu in Jerusalem und bei der Erscheinung des Auferstandenen vor den zwölf Jüngern dabei.

Nach der Überlieferung predigte Andreas am Schwarzen Meer und in Griechenland. Hier fand er in Patras am 30. November um das Jahr 60 den Tod. Er soll mit Stricken an ein schräges Kreuz (»Andreaskreuz«) gebunden und zu Tode gefoltert worden sein. Reliquien des Märtyrers gelangten nach Byzanz und Amalfi. Die Hauptreliquie befand sich in Rom und wurde 1964 vom Papst nach Patras zurückgegeben, wo der Heilige sehr verehrt wird.

Hl. Andreas, Missale um 1490, Frauenkirche, München

Darstellung Andreas begegnet uns in vielen figürlichen Darstellungen und Bildern in Kirchen. Seine Attribute sind das schräge Kreuz, eine Schriftrolle, ein Buch und ein Fischernetz.

Brauchtum Der Andreastag steht an der Schwelle eines neuen Kirchenjahres. Nach altem Volksglauben verbanden früher die Menschen mit dem Andreastag magische Vorstellungen. Für sie war diese Nacht voller Geheimnisse, in der sie etwas über ihre Zukunft glaubten erfahren zu können. Die jungen Mädchen versuchten durch Pantoffelwerfen Aufschluss darüber zu bekommen, ob sich im nächsten Jahr ein Hochzeiter einstellt.

Andreasschnee
tut Korn und Weizen weh.

Andreasschnee
bleibt hundert Tage liegen.

BARBARA
SCHUTZFRAU DER BERGLEUTE

Die heilige Barbara, die sich bei uns großer Beliebtheit erfreut, lebte zur Zeit der Christenverfolgung durch Maximinius Daia (305–313) in der heutigen Türkei. Nach der Legende wurde sie wegen ihrer Schönheit von ihrem wohlhabenden Vater in einen Turm eingesperrt, um so ihre Unberührtheit zu sichern. Hier trat sie mit dem großen Theologen Origines in Alexandria in Kontakt und wurde getauft. Zum Zeichen der Dreifaltigkeit ließ sie während der Abwesenheit ihres Vaters in den Turm ein drittes Fenster einbauen. Als er nach seiner Rückkehr entdeckte, dass sie Christin geworden sei, wollte er sie vor Wut erschlagen, was aber misslang, weil sich ihr auf der Flucht ein Fel-

Hl. Barbara, Fresko um 1410, Franziskanerkloster, Bozen, Südtirol

Barbara ist die Schutzpatronin der Architekten, Bauarbeiter, Maurer, Glockengießer, Schmiede und Steinhauer, der Hutmacher, Köche, Metzger und auch der Bauern.
Besondere Verehrung genießt sie bei den Bergleuten, die sich ihr bis heute anvertrauen. An ihrem Namensfest fanden früher an bayerischen Bergbauorten (Peißenberg, Sulzbach-Rosenberg) Gottesdienste statt.

Barbara zählt zum Kreis der vierzehn Nothelfer und zusammen mit Margareta und Katharina zu den »drei heiligen Madln«. Sie wurde als Helferin für eine gute Sterbestunde sowie gegen Feuer, Unwetter und Pest angerufen.

Gedicht zum Barbaratag

Geh in den Garten am Barbaratag,
geh zum kahlen Kirschbaum und sag:

Kurz ist der Tag, grau ist die Zeit.
Der Winter beginnt, der Frühling ist weit.
Doch in drei Wochen, da wird es geschehen:
Wir feiern ein Fest wie der Frühling so schön.

Baum, einen Zweig gib du mir von dir!
Ist er auch kahl, ich nehm' ihn mit mir.
Und er wird blühen in seliger Pracht
Mitten im Winter in der Heiligen Nacht.

Josef Guggenmos

Tradition: *Heiligenlied Slg. Scheierling, 1987, von Deutschen aus der Sprachinsel Zips/Slowakei, 20. Jh.*
Neufassung: *Text und Melodieüberarbeitung EBES/VMA 1990.*

Hl. Barbara zur Ehre

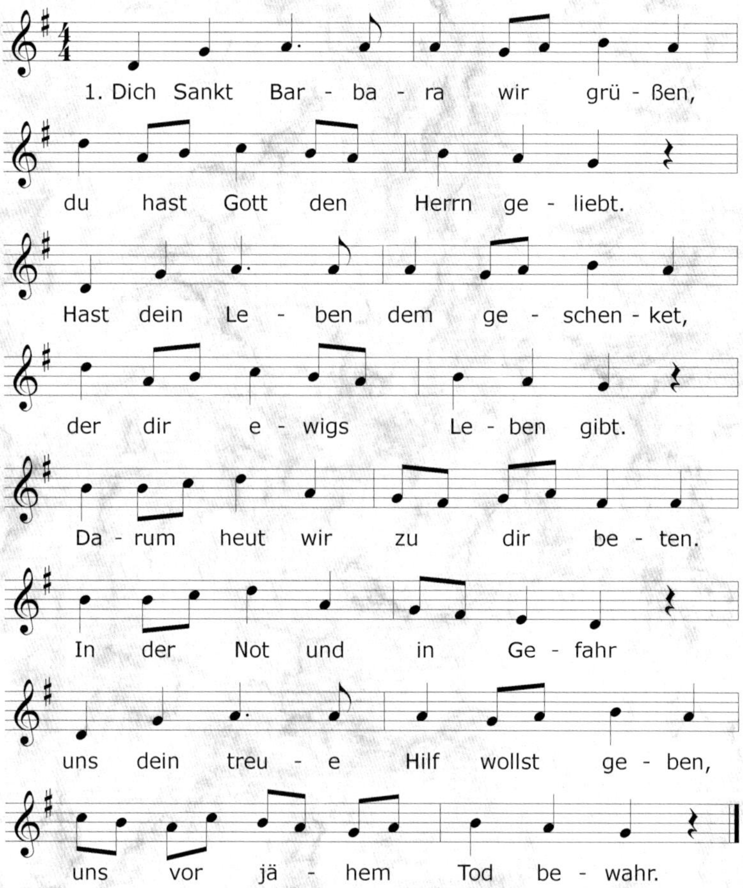

2. Dich Sankt Barbara wir ehren, Schutzpatronin der Bergleut,
   wollest Gott für uns auch bitten, dass Gesundheit er verleiht.
   Und sein Segen mög er geben, dessen wir bedürfen all,
   dass nach diesem Erdenleben Gottes Gnad wir erlangen all.

3. Dieses Lied zu deiner Ehre, heilge Barbara, erklingt.
   Gott der Herr hat dich uns geben, dass ein jeder zu ihm find.
   Gott den Schöpfer lasst uns preisen, seine Macht und Herrlichkeit,
   lasst uns Ehre ihm erweisen bis in alle Ewigkeit.

Links: Hl. Barbara um 1420, Pfarrkirche St. Peter Straubing, Ndby.

Rechts: Hl. Barbara, Fresko um 1400, Ivrea, Piemont/Italien

Geht Barbara im Klee, kommt's Christkind im Schnee.

sen öffnete. Zuletzt schleppte sie ihr Vater vor den römischen Statthalter und ließ sie mit Keulen schlagen und mit Flammen brennen. Da sie sich weiterhin zu ihrem Glauben bekannte, wurde sie zum Tode verurteilt. Als sie ihr Vater mit einem Schwert enthaupten wollte, erschlug ihn ein Blitz.

Die Reliquien der heiligen Barbara kamen um 1000 nach San Marco in Venedig und von dort auf die vorgelagerte Insel Torcello.

Barbarazweige

Darstellung Barbara wird meist in vornehmem Gewand mit einem dreifenstrigen Turm sowie mit Kelch und Hostie dargestellt.

Brauchtum Zu Barbaras Beliebtheit tragen bei uns Zweige bei, die an ihrem Namenstag geschnitten werden. Dazu eignen sich Kirsch-, Zwetschgen- und Forsythienzweige, die in einen mit Wasser gefüllten Krug im warmen Zimmer gestellt werden in der Hoffnung, dass sie bis Weihnachten grünen und blühen. Die adventlichen Barbarazweige sind in kalter Winterszeit ein Symbol der Hoffnung.

NIKOLAUS
BISCHOF UND FREUND DER KINDER

Nikolaus ist der Schutzpatron der Schiffer, Seeleute und Flößer, aber auch der Apotheker, Bäcker, Kaufleute, Müller, Reisenden und Pilger, der Advokaten und Notare und vor allem der Kinder. Regional zählt man den beliebten Heiligen auch zum Kreis der vierzehn Nothelfer.

Der historische Nikolaus kommt aus Kleinasien, der heutigen Türkei. Sein Geburtsort Patara in Lykien ist ein kleiner Hafen gegenüber der Insel Rhodos, wo er vermutlich nach 300 geboren wurde. Der Legende nach wuchs Nikolaus als Sohn reicher Eltern auf und zeigte sich bereits als Kind auffallend freigebig und großherzig. Er wurde Priester und bald Bischof von Myra. Es war eine schwierige Zeit für die junge Kirche, in die Nikolaus hineingeboren wurde: Wie andere Christen hatte auch er unter der Verfolgung des römischen Kaisers Galerius (305–311) zu leiden. Erst das Religionsedikt von Kaiser Konstantin im Jahre 325 brachte ihm und der Gemeinde der Christen die Freiheit. Nun konnte er offen predigen und taufen. In Myra soll Nikolaus um das Jahr 342 gestorben sein. Über seinem Grab errichteten die Christen eine große Kirche.

Obgleich sein historisch belegbares Leben weithin im Dunkeln liegt, wurde Nikolaus einer der beliebtesten Heiligen. Seine Verehrung beschränkte sich ursprünglich auf den Bereich der Ostkirche. In zahllosen Ikonendarstellungen und Mosaiken begegnet uns sein Bild, viele Zaren des russischen Reichs trugen seinen Namen. Als Ausdruck ihrer Reverenz erwählten sie ihn auch zum Landespatron. Einen ganz wesentlichen Anteil an der Überführung des Nikolauskultes ins Abendland hatte Kaiserin Theophanu vom Kaiserhof von Byzanz. Sie war die Gemahlin des deutschen Kaisers Otto II. und brachte um das Jahr 1000 die Verehrung des Heiligen aus ihrer Heimat nach Westeuropa.

Nikolauskirche über dem Grab des hl. Nikolaus, Kale Myra (Demre), Türkei

Dem heiligen Nikolaus war Gott geneigt

2. Gott hat ihn gegeben als Beispiel der Welt;
den Kindern als Helfer und Schützer bestellt.
Als Bischof die Herde er sorgsam regiert
und immer aufs Neue zu Gott er sie führt.

3. Dem heiligen Nikolaus war Gott geneigt,
drum hat er durch ihn viele Wunder gezeigt.
Die Güte des Herren hilft in aller Not.
Wir preisen und danken dem gnädigen Gott.

Tradition: *Text Durnholz/Südtirol, 1848, Musiksammlung Österreichische Nationalbibliothek; Melodie Slg. Gabler, Waldviertel/NÖ, 1890.* ***Neufassung:*** *EBES/VMA 1990.*

St. Nikolaus, Statue, Kale Myra (Demre), Türkei

Den entscheidenden Anstoß für die Nikolausverehrung gab ein abenteuerliches Stück Eroberungsgeschichte: 1087 entführten italienische Kaufleute und Ritter des Nachts die sterblichen Überreste des Heiligen aus seiner Bischofsstadt Myra nach Bari in Apulien.

In zahllosen Kirchen und Kapellen treffen wir heute auf Bilder und Figuren des Nikolaus. Seine Beliebtheit bekundet eine Vielzahl von Legenden. Bis heute besucht er die Kinder an seinem Namensfest und beschenkt sie mit seinen vorweihnachtlichen Gaben. Er hat nichts gemein mit der Fantasiefigur des Weihnachtsmannes, die ihn im Zuge der allgemeinen Säkularisierung zu verdrängen begann und lediglich der Kommerzialisierung dient.

Darstellung Darstellungen zeigen Nikolaus als Bischof mit Stab und Mitra und als Hinweis auf die bekannte Legende mit drei goldenen Kugeln auf einem Buch.

Brauchtum Nach altem Brauch, der bis ins Mittelalter zurückreicht, besucht St. Nikolaus an seinem Namensfest die Kinder und beschenkt sie. Dabei begleiten ihn oft Gestalten, die gar nicht zu seiner Heiligkeit passen. Es sind recht furchterregende Gesellen, die je nach Gegend Knecht Ruprecht, Krampus, Pelzmärtel, Klaubauf, Rauwuckl, Butz oder Rumpelblas heißen. Die finsteren Gestalten, bekleidet

Regnet's an St. Nikolaus, wird der Winter streng und graus.

Nikolauslegende, Bilder von 1675 an der Emporenbrüstung, Filialkirche St. Nikolaus, Pfraundorf, Obb.

Links: Hl. Nikolaus als Patron der Seeleute

Rechts: Hl. Nikolaus spendet drei armen Mädchen als Aussteuer goldene Kugeln.

mit schwarzem Pelz, das Gesicht mit einer hässlichen Maske verdeckt, rasseln wie wild mit einer Kette oder schwingen bedrohlich eine Rute. Die sonderbaren Begleiter verkörpern das Böse und das Finstere, eine Vorstellung, die in das christliche Adventsbrauchtum Eingang gefunden hat.

Kindergebet zum Nikolaustag

Wir freuen uns alle
auf den Nikolaustag.
Der heilige Nikolaus
war Bischof in der Stadt Myra
in der fernen Türkei.
Er hatte immer ein Herz
für die Armen und Hungernden
und gab ihnen zu essen.

Besonders liebte er die Kinder.
Deshalb besucht er sie
an seinem Namensfest
und beschenkt sie.
Nikolaus, komm zu mir
und zu den anderen Kindern.
Zeige uns den Weg
zum Kind in der Krippe.

LUCIA
SIZILIANISCHE LICHTBRINGERIN

In den kalten Nächten der Mittwinterzeit bringt uns die heilige Lucia Licht und Wärme. Sie führt uns zurück in die Zeit der Christenverfolgung durch den römischen Kaiser Diokletian (284–305). Lucia, ein Mädchen aus Syrakus in Sizilien, stammte der Legende nach aus vornehmer Familie und war sehr schön. Als ein junger Mann sie wegen ihrer strahlenden Augen zur Frau haben wollte, wies sie ihn ab, denn sie war Christin, er aber verehrte die römischen Götter. Aus verschmähter Liebe denunzierte er sie bei der Behörde. Lucia wurde gefangen genommen, mit Öl übergossen und auf einen Scheiterhaufen geworfen. Da ihr die Flammen nichts anhaben konnten, wurde sie mit dem Schwert getötet. Das war im Jahr 304. Christen bestatteten ihren Leichnam in einer Katakombe in Syrakus.

Nach ihrem Tod wurde Lucia in Italien, Spanien, Frankreich und seit tausend Jahren auch in Deutschland verehrt. Besondere Verehrung genießt die Heilige aus Sizilien bis heute in Schweden. Hier wird sie als Lichtbringerin gefeiert. Weiß gekleidete Mädchen tragen an ihrem Namensfest Lichterkronen auf dem Kopf und kündigen mit Liedern die Weihnachtszeit an.

Lucia ist die Patronin der sizilianischen Stadt Syrakus, der Glaser, Schneider, Notare, Schriftsteller und kranken Kinder. Wegen ihrer schönen Augen gilt Lucia als Helferin bei Augenkrankheiten und Schutzpatronin der Blinden.

Darstellung Künstler haben Lucia mit einem Schwert dargestellt, das ihr durch den Hals gestoßen wird. Bei manchen Darstellungen liegen auf einer Schüssel ihre

Lucienhäuschen schwimmen, Schloss Blutenburg, München

Links: Hl. Lucia, Fresko 12. Jh., Portacomaro, Piemont/Italien.

Rechts: Hl. Lucia, Fresko 14. Jh., Lignera, Piemont/Italien

zwei Augen, die sie sich der Legende nach selbst herausgerissen haben soll, um ihrem Verehrer nicht mehr zu gefallen.

An St. Lucia ist der Abend dem Morgen nah.

Kommt die heilige Lucia, findet sie die Kält' schon da.

Brauchtum Bis zur Einführung des Gregorianischen Kalenders 1582 war das Lucienfest der Tag der Wintersonnenwende, also der kürzeste Tag und die längste Nacht des Jahres. Nach altem Volksglauben bedrohten in den Nächten der Wintersonnenwende böse Geister und Dämonen die Menschen, die man mit Schreckgestalten und viel Lärm von Haus und Hof fernzuhalten versuchte. Im Bayerischen Wald zog die »Luzelfrau«, auch »Schiache Luz« genannt, abends kreischend und tobend durch die finsteren Gassen und pochte Messer wetzend an Fenster und Türen, ein Brauch, der immer wieder missbraucht wurde, um Kinder zu erschrecken.

Lucienbrauch Im oberbayerischen Fürstenfeldbruck wurde nach dem zweiten Weltkrieg ein alter Lucienbrauch neu belebt. Kinder aus Kindergärten und Grundschulen basteln kleine Häuschen aus Pappe, Sperrholz und Transparentpapier, die im Inneren mit Kerzen oder kleinen Lämpchen erleuchtet werden. Am Abend des Lucientages werden die illuminierten Kunstwerke bei Einbruch der Dunkelheit feierlich gesegnet und von Stadtarbeitern ins Wasser der Amper gesetzt. Dort treiben sie dann steuerlos dahin, bis die Strömung sie mitreißt. Der Brauch der Lucienhäuschen soll auf eine Hochwasserflut im Jahre 1785 zurückgehen. Damals haben die Bürger in ihrer großen Not angeblich die heilige Lucia um Hilfe angefleht. Der Brauch des Lichterschwemmens ist auch an anderen Orten bekannt, so z. B. in Wasserburg oder am Schloss Blutenburg, München.

STEPHANUS
ERSTER MÄRTYRER DER KIRCHE

Stephanus war einer der sieben Diakone der christlichen Urgemeinde in Jerusalem und kam mit den hellenistischen Judenchristen in Konflikt. Sie beschuldigten ihn der Gotteslästerung und schleppten ihn vor den Hohen Rat. Stephanus verteidigte sich mit einer mutigen Rede, was die jüdischen Zuhörer, unter denen auch Saulus, der spätere Paulus, gewesen sein soll, so erboste, dass sie ihn vor die Tore der Stadt trieben und steinigten. Die Stelle seines Todes vermutet man in der Nähe des Damaskustores. Das Todesjahr liegt zwischen 34 und 37. Stephanus gilt als der erste Märtyrer der jungen Kirche.

Eine Stephanusverehrung ist im Osten seit dem 4. Jahrhundert, im Westen seit dem 5. Jahrhundert bekannt. In Europa und auch in unserer Heimat entstanden viele Kirchen und Dome, die dem Glaubenszeugen aus der Frühzeit des Christentums geweiht wurden. Besonders bekannt sind die Stephansdome von Passau und Wien. Die Anfänge des Passauer Domes gehen bis ins 8. Jahrhundert zurück. Der Wiener Stephansdom, das bedeutendste gotische Bauwerk Österreichs, steht im Herzen der Stadt. Sein südlicher Turm, von den Wienern »Steffel« genannt, erreicht eine Höhe von 137 Metern.

Stephan ist der Schutzpatron der Erzdiözese Wien und des Wiener Domes sowie der Pferde, Pferdeknechte und Kutscher, die am Stephanitag ihren Arbeitgeber wechseln konnten.

Stephan gilt als Helfer bei vielen gesundheitlichen Beschwerden, besonders bei Gallen- und Nierensteinen. Viele Menschen beten zu ihm um einen guten Tod.

Darstellung Bilder zeigen Stephanus bei der Steinigung, oft als Diakon mit Palme und Evangelienbuch.

Brauchtum Zu Ehren des Vieh- und Pferdepatrons St. Stephan fanden früher am 26. Dezember an vielen Orten Pferdeumritte statt. Die alte Tradition wird heute an einigen Orten noch hochgehalten, so in Mörlbach bei Aufkirchen am Starnberger See, im mittelfränkischen Spalt, in Oberhaching bei München und in Tutzing. Vergessen ist ein anderer alter Brauch: Früher ließen die Bauern am Stephanitag in der Kirche eine Schüssel Hafer weihen, den sie dann dem Futter beimischten.

Windstill muss St. Stephan sein,
soll der nächste Wein gedeih'n.

Steinigung des hl. Stephanus, der Heilige wird aus der Stadt getrieben, Tafelbild, Werkstatt Jan Pollak, 1489, Hl. Geistkirche Pullach, München

SILVESTER
PAPST UND BAUMEISTER

Hl. Silvester, Filialkirche Gelting, St. Benedikt, Geretsried, Obb.

Wind in der Silvesternacht hat nie Wein und Brot gebracht.

Bei Silvester denken wir an den letzten Tag des Jahres mit fröhlichem Feiern und Feuerwerk. Mit all dem hat der historische Silvester nichts zu tun. Er wurde im Jahr 314 der 33. Papst und regierte 21 Jahre lang die noch kleine Kirche. Sein Pontifikat fiel in die Zeit der Regentschaft Kaiser Konstantins des Großen, der 313 durch das Mailänder Edikt die Christenverfolgung beendete und dem Christentum die Gleichstellung mit der römischen Religion zusicherte. Von nun an konnte sich die Gemeinde der Christen als Kirche frei entfalten. Gefördert durch Konstantin ließ Silvester 325 über dem Grab des Apostels Petrus die erste Peterskirche in Rom erbauen. Er starb am 31. Dezember 335 in Rom und wurde in der Priscillakatakombe beigesetzt. Reliquien befinden sich in der Kirche S. Silvestro in Capite in Rom. Silvester ist der erste heilige Papst, der nicht den Märtyrertod starb.

Einer Legende nach soll Silvester den kranken Konstantin vom Aussatz geheilt und getauft haben. Dafür soll ihm der Kaiser Rom, Italien und das Abendland zum Geschenk gemacht haben, ein Geschenk, das als »Konstantinische Schenkung« in die Geschichte einging. Heute weiß man, dass es sich dabei um eine Fälschung handelt.

Silvester, der bereits seit dem 5. Jahrhundert in Europa verehrt wird, ist der Schutzpatron der Haustiere sowie für eine reiche Ernte und ein gutes neues Jahr. Aus dem Patronat für die Haustiere entwickelte sich in Türkenfeld bei Fürstenfeldbruck ein feierlicher Silvesterritt, der auf eine Viehseuche vor zweihundert Jahren zurückgeht.

Darstellung Silvester wird sehr häufig als Papst mit Kreuz, Buch, Muschel und Ölzweig dargestellt.

Brauchtum Die Silvesternacht zählt wie die Heilige Nacht und die Dreikönigsnacht zu den zwölf Raunächten, in denen nach altem Volksglauben böse Geister und Dämonen ihr Unwesen treiben. Diese versuchte man schon immer mit viel Lärm, Leuchtraketen und Feuerwerk zu vertreiben, um so Unheil im neuen Jahr abzuhalten, eine Brauch, der auch in unserer aufgeklärten Zeit die Menschen immer wieder fasziniert. Und auch diese Vorstellung verbinden viele mit der Silvesternacht, die ja ein wichtige Losnacht ist: In der Nacht an der Jahreswende soll ein Blick in die Zukunft möglich sein. Dabei bedient man sich diverser Hilfsmittel, die in den Bereich reinen Aberglaubens gehören, denken wir nur an Horoskope oder Bleigießen. Die Silvesternacht ist eben voller Geheimnisse.

VERZEICHNIS DER HEILIGEN

1.	Afra	7.8.
2.	Agatha	5.2.
3.	Agnes	21.1.
4.	Albert der Große	15.11.
5.	Aloysius	21.6.
6.	Alto	9.2.
7.	Andreas	30.11.
8.	Anna	26.7.
9.	Antonius	13.6.
10.	Barbara	4.12.
11.	Bartholomäus	24.8.
12.	Benedikt	11.7.
13.	Benno	16.6.
14.	Birgitta	23.7.
15.	Blasius	3.2.
16.	Cäcilia	22.11.
17.	Christophorus	24.7.
18.	Crescentia	5.4.
19.	Dominikus	8.8.
20.	Elisabeth	19.11.
21.	Emmeram	22.9.
22.	Erhard	8.1.
23.	Florian	4.5.
24.	Franz von Assisi	4.10.
25.	Georg	23.4.
26.	Gisela	7.5.
27.	Hedwig	16.10.
28.	Heinrich	13.7.
29.	Hubert	3.11.
30.	Ignatius von Loyola	31.7.
31.	Irmengard	16.7.
32.	Jakobus	25.7.
33.	Johannes	24.6.
34.	Johannes von Nepomuk	16.5.
35.	Josef	19.3.
36.	Kastulus	26.3.
37.	Katharina	25.11.
38.	Kilian	8.7.
39.	Klara	11.8.
40.	Koloman	13.10.
41.	Konrad	21.4.
42.	Korbinian	20.11.
43.	Kunigunde	3.3.
44.	Lantbert	18.9.
45.	Laurentius	10.8.
46.	Leonhard	6.11.
47.	Lucia	13.12.
48.	Magnus	6.9.
49.	Margareta	20.7.
50.	Maria	12.9.
51.	Marinus und Anianus	15.11.
52.	Markus	25.4.
53.	Martin	11.11.
54.	Matthias	24.2.
55.	Maximilian	12.10.
56.	Nikolaus	6.12.
57.	Notburga	13.9.
58.	Otto von Bamberg	30.6.
59.	Otto von Freising	7.9.
60.	Pankratius, Servatius, Bonifatius	12./13./14.5.
61.	Paulus	29.6.
62.	Petrus	29.6.
63.	Quirin	16.6.
64.	Rochus	16.8.
65.	Rupert	24.9.
66.	Rupert Mayer	3.11.
67.	Sebastian	20.1.
68.	Silvester	31.12.
69.	Stephan	26.12.
70.	Theresia Maria Gerhardinger	9.5.
71.	Thomas	3.7.
72.	Ulrich	4.7.
73.	Ursula	21.10.
74.	Valentin	14.2.
75.	Vitus	15.6.
76.	Walburga	25.2.
77.	Willibald	7.7.
78.	Wendelin	20.10.
79.	Wolfgang	31.10.
80.	Zeno	12.4.

GLOSSAR

Votivbild, Wallfahrtskirche St. Anton, Garmisch-Partenkirchen, Obb.

Hl. Bartholomäus, Relief um 1687, Pfarrkirche Hl. Blut, Rosenheim, Obb.

Apokryphen
Schriften aus frühchristlicher Zeit, die nicht in das Neue Testament aufgenommen wurden. Die Volksfrömmigkeit und die Kunst vor allem des Mittelalters erhielten viele Anregungen aus den Apokryphen.

Attribute
Beigaben, durch die ein/e Heilige/r auf Darstellungen auch ohne Namensbezeichnung erkannt werden kann. Ein Buch ist z. B. das Attribut für Apostel und Bischöfe, ein Schlüssel für Petrus, ein zerbrochenes Rad für Katharina, eine Kette für Leonhard. Vielen Heiligen werden sogar mehrere Attribute zugeordnet.

Bauern- und Wetterregeln
Auf langjährigen Beobachtungen von Bauern und Hirten basierende Erfahrungen, die eine Vorhersage des kommenden Wetters zulassen. Die Wetterregeln wurden von der Kirche mit den Namensfesten von Heiligen in Beziehung gesetzt, z. B. »Kilian stellt die ersten Schnitter an«. Besonders beachtet wird z. B. die Wetterregel zum Siebenschläfertag.

Gnadenorte
Wallfahrtsorte, zu denen nach alter Tradition gläubige Menschen pilgern. Ihr Zentrum ist stets ein Bildnis der Gottesmutter oder von Heiligen, deren Fürbitte die Wallfahrer in diversen persönlichen Anliegen erflehen. Ihr Gebetsanliegen und ihren Dank für erlangte Hilfe drücken sie oftmals in Votivgaben aus. Früher brachten die Bauern Ketten und Hufeisen zu den Gnadenorten. Bis heute sind Bilder, Kerzen und Kreuze beliebte Votivgaben der Wallfahrer.

Heilige und Selige
Lange Zeit wurden vor allem Märtyrer, die für Christus ihr Leben lassen mussten, von der Kirche zu Heiligen und Seligen erklärt. Im Jahre 993 wurde St. Ulrich als Erster in der Kirchengeschichte offiziell heiliggesprochen (Kanonisierung). Heute werden Menschen nur vom Papst nach einem strengen Verfahren als heilig bzw. selig erklärt. Die Seligsprechung gilt als Vorstufe der Heiligsprechung. Seit 1969 ist dafür in Rom die Kongregation für Selig- und Heiligsprechungen zuständig.

Kleinasien
Gebiet im heutigen Anatolien in der Türkei, in dem das Christentum um das Jahr 50 Fuß zu fassen begann. Paulus schrieb Briefe an die Christengemeinde in der Stadt Ephesus. In Myra lebte um 350 der heilige Nikolaus.

Legende
Lebensbeschreibung eines Heiligen, die meist nach ihrem Tod entstanden ist. Oft handelt es sich um Erzählungen von wundersamen Ereignissen um die Person eines Heiligen, die historisch in der Regel nicht belegbar sind. Eine Legende erzählt Vorbildliches und Beispielhaftes aus dem Leben eines Heiligen. So zeichnet die bekannte »Rosenlegende« ein anschauliches Bild der großen Nächstenliebe der heiligen Elisabeth.

Der Dominikanermönch Jacobus de Voragine brachte im 13. Jahrhundert eine große Legendensammlung unter dem Titel »Legenda aurea« (Goldene Legende) heraus.

Lostage
Feststehende Tage im Kalender, die nach altem Volksglauben Vorhersagen über die Witterung der folgenden Wochen und Monate und Prognosen für die nächste Ernte ermöglichen sowie den günstigsten Zeitpunkt für landwirtschaftliche Arbeiten (z. B. Aussaat) bestimmen.

Märtyrer
Menschen, die für ihre Treue zu Christus gefoltert und getötet wurden. Der erste Blutzeuge der Kirche ist St. Stephanus, er wird deshalb auch als Erzmärtyrer bezeichnet. Bei den Gräbern der Märtyrer entstanden oft Kirchen, z.B. die Peterskirche in Rom. Das Martyrium war in der Frühzeit des Christentums die Voraussetzung für die Heiligsprechung.

Nothelfer
Eine Gruppe von vierzehn Heiligen, die zu Nothelfern in allen Lebenslagen erklärt wurden. Im 14. Jahrhundert bildete sich ein fester Kreis von Nothelfern, denen besondere Verehrung zuteil wurde. Gefördert wurde ihre Verehrung durch eine Vision eines Schäfers im Jahre 1445 in der Nähe des oberfränkischen Klosters Langheim. Zu einer ersten Kirche am Erscheinungsort entstand eine große Wallfahrt. Im 18. Jahrhundert kam es zum Bau der heutigen Wallfahrtskirche Vierzehnheiligen.

Patrone
Heilige, die von Gläubigen als Fürbitter und Beschützer verehrt werden. Wichtige Schutzheilige sind die Muttergottes und die vierzehn Nothelfer. Es gibt Kirchen-, Bistums-, Landes-, Stadtheilige. Die meisten Berufsgruppen haben sich Standespatrone zu ihrem Schutz erwählt, z. B. die Zimmerleute den heiligen Josef.

Reliquien
Überreste des Leibes eines Heiligen bzw. Teile von ihm sowie Gegenstände, die von ihm gebraucht oder berührt wurden. In der Frühzeit des Christentums wurden Reliquien der Märtyrer in Kirchen verehrt, die ihnen erbaut wurden, z. B. in Rom die Paulskirche S. Paolo fuori le mura. Reliquien werden oft in kostbaren Reliquiaren aufbewahrt. Die Reliquienverehrung führte allerdings im Mittelalter zu Auswüchsen, die Kritik hervorrief.

Verlöbnis
In großer Hilfsbedürftigkeit von Gläubigen an Wallfahrtsorten abgelegte Versprechen. Zu ihrer Bekräftigung dienen Votivbilder mit dem Zusatz »Ex voto« (aus einem Versprechen). Die Bilder, die an den Wänden von Wallfahrtsorten hängen, zeigen die jeweiligen Situationen, in denen Heilige um Hilfe angefleht werden, z. B. Krankheit von Menschen und Tieren, Feuer- und Wassernot. So kam es z. B. zur Ausdrucksweise »sich nach Altötting verloben«.

Volksfrömmigkeit
Formen der Gläubigkeit und Glaubenspraxis des einfachen Volkes, die in Jahrhunderten zu fester Tradition wurden. Dazu gehören Wallfahrten, Prozessionen, Umzüge, Segnungen von Menschen und Tieren, Krippendarstellungen. Die Volksfrömmigkeit ist eine Theologie des Volkes, die nicht immer in vollem Einklang mit der Lehre der katholischen Kirche steht.

Hl. Andreas 1737, Lailling, Ndb.

LITERATUR (Auswahl)

Becker-Huberti, Manfred: Der Heilige Martin. Leben, Legenden und Bräuche. Köln, 2003

Bichler, Albert: Das Kinderbuch der Heiligen und Namenspatrone. Würzburg, 4. Aufl. 1995

ders: Die vierzehn Nothelfer. Würzburg, 4. Aufl. 2005

ders.: Wie`s in Bayern der Brauch ist. München, 4.Aufl. 2006

ders.: Wallfahrten in Bayern. München, 2. Aufl. 2007

Chrobak, Werner: Der heilige Bischof Wolfgang. Geschichte – Legende – Verehrung. Kiel 1993

Gärtner, Hans: Andachtsbildchen. Kleinode privater Frömmigkeitskultur. München 2004

Gotteslob, München 2003

Gorys, Erhard: Lexikon der Heiligen. München 1997

Knoch, Otto: Das Neue Testament in seinen großen Gestalten. Mainz 1992

Läpple, Alfred: Heilige und Selige aus Altbayern und Tirol. Weilheim 1989

ders.: Mit den Heiligen durchs Jahr. Das christliche Kalenderbuch der Namenstage und Kirchenfeste. München 2000

Lexikon der Heiligen und Heiligenverehrung. 3 Bd., Freiburg 2003

Maß, Josef: Zeugen des Glaubens. München 1976

Pfister, Peter (Hrsg.): Ihr Freunde Gottes allzugleich. Heilige und Selige im Erzbistum München und Freising. München 2003

Schauber, Vera/Schindler, Hanns Michael: Bildlexikon der Heiligen. Augsburg 1995

Schwaiger, Georg (Hrsg.): Bavarica Sancta. Die Zeugen christlichen Glaubens in Bayern,Bd. I–III. Regensburg 1970

Torsy, Jakob/Kracht, Hans Joachim: Der große Namenstagskalender. Freiburg 2002

de Voragine, Jacobus: Legenda aurea. Heiligenlegenden. Zürich, 4. Aufl. 1994

Wimmer, Otto/Melzer, Hartmann: Lexikon der Namen und Heiligen. Innsbruck 1988

IMPRESSUM

Produktmanagement: Sabine Klingan
Lektorat: Britta Mümmler, München
Layout: Christian Weiß und Regina Bocek, München
Satz: BUCHFLINK Rüdiger Wagner, Nördlingen
Repro: Cromica s.a.s., Verona
Herstellung: Thomas Fischer
Printed in Italy by Printer Trento S.r.l.

Für Hinweise und Anregungen sind wir jederzeit dankbar. Bitte richten Sie diese an:

J. Berg Verlag im C. J. Bucher Verlag GmbH
Postfach 400209
D-80702 München
E-Mail: lektorat@verlagshaus.de

Bildnachweis:
Alle Fotos im Innenteil und auf dem Umschlag von Wilfried und Lisa Bahnmüller, Geretsried-Gelting

Umschlagvorderseite:
Glorie des Benediktinerordens, Fresko von Matthäus Günther 1763, ehemal. Benediktinerklosterkirche St. Marinus und Anianus, Rott, Obb.; Hl. Koloman (s.S. 105); Hl. Lucia (s.S. 138); Anna Selbdritt (s.S. 79)
Umschlagrückseite:
Hl.Petrus (s.S. 57);
Hl. Barbara (s.S. 131)

Liednachweis:
Urheberrechtsbemerkung: Die mit EBES bezeichneten Lieder wurden von Eva Bruckner und Ernst Schusser auf der Basis der Überlieferung völlig neu gestaltet oder für den heutigen Gebrauch überarbeitet. Sie sind nicht von der GEMA vertreten und können ohne Erlaubnis und tantiemenfrei aufgeführt werden. Alle weiteren Rechte behalten sich die Autoren/Bearbeiter ausdrücklich vor. Nähere Auskunft dazu erhalten Sie im Volksmusikarchiv des Bezirks Oberbayern.
Liedauswahl, Noten und Textgestaltung, Kommentierung:
Volksmusikarchiv des Bezirks Oberbayern (VMA), 83052 Bruckmühl, Krankenhausweg 39, Tel. 08062/5164, Fax 08062/8694, www.volksmusikarchiv.de.
Entnommen aus den Bunten Heften (BH) der Reihe "Das geistliche Volkslied das Jahr hindurch" des VMA.

S. 33 Sankt Georg, der heilige Mann (BH 23 "O Mensch, der du auf Reisen bist ein Leben lang", S. 27, EBES 10/032, VMA 1990).
S. 65 Heiliger Mann, Sankt Kilian (BH 26 "O Gott, du Herr der ganzen Welt", S. 8, EBES 10/074, VMA 1990).
S. 74 Christophorus zu Ehren (BH 26 "O Gott, du Herr der ganzen Welt", S. 24, EBES 10/083, VMA 1990).
S. 93 Wie schön glänzt die Sonn (BH 2 "Gegrüßet seist du Maria", S. 28, VMA 1985).
S. 114 Sankt Leonhard, steh du uns bei (BH 28 "Frohlocket all und freuet euch, denn euer ist das Himmelreich", S. 10, EBES 10/118, VMA 1990).
S. 117 Sankt Martin, dem teuren Gottesmann (BH 37 "Martin ist ein guter Mann", S. 10, EBES 10/121 1990, VMA 1991).
S. 132 Hl. Barbara zur Ehre (BH 29 "Mit Musik und Pauken viel", S. 6, EBES 10/141, VMA 1990).
S. 135 Dem heiligen Nikolaus war Gott geneigt (BH 31 "Komm zu uns Sankt Nikolaus", S. 12, EBES 10/162, VMA 1990).

Deutsche Nationalbibliothek – CIP-Einheitsaufnahme
Ein Titeldatensatz für diese Publikation ist bei der Deutschen Nationalbibliothek erhältlich.

ISBN 978-3-7658-4238-2